ÉTUDES

SUR

LES BARBARES

ET LE MOYEN AGE

Paris. — Imp. de P.-A. Bourdier et Comp., rue des Poitevins, 6.

ÉTUDES

SUR LES

BARBARES

ET LE MOYEN AGE

PAR

É. LITTRÉ

DE L'INSTITUT

(ACADÉMIE DES INSCRIPTIONS ET BELLES-LETTRES)

PARIS

LIBRAIRIE ACADÉMIQUE

DIDIER ET Cie, LIBRAIRES-ÉDITEURS

35, QUAI DES AUGUSTINS, 35

1867

INTRODUCTION

I

PRÉAMBULE.

Souvent il m'arrive, soit pour accéder à une requête, soit pour complaire à un ami, soit pour me satisfaire moi-même, d'insérer, dans les recueils qui me sont ouverts, des articles (c'est le mot) sur des ouvrages divers. Ces études, nées ainsi des circonstances, n'ont pas du moins failli à leur nom : elles ont été pour moi occasion d'étudier ; d'autant plus qu'étant soumis à la salutaire discipline d'une philosophie dont l'un des mérites proéminents est de coordonner et de représenter les sciences positives, y compris l'histoire, je n'écris rien qui, par un lien certain, ne dépende de ce que je regarde comme les grandes généralités et les hautes pensées.

Dès lors il m'est possible, choisissant, parmi ces études, celles qui se rapportent à un même sujet, de faire ce que j'appellerais volontiers un demi-livre, c'est-

à-dire une œuvre à laquelle manquent l'enchaînement,
la déduction et la continuité, mais à laquelle ne manque
pas une pensée unique.

Ici la pensée est historique, à savoir que le moyen
âge n'est point une ère stérile et déshéritée dans laquelle
se brise la tradition, mais qu'au contraire il a continué,
à travers les difficultés léguées et acquises, le développement, dont il n'a changé ni la nature ni la direction.

Ceux qui ne connaissent pas la philosophie positive,
s'étonneront sans doute quand je dirai qu'elle n'a pu
exister et se produire qu'au moment où l'histoire est
devenue une science, en d'autres termes alors qu'une
loi fondamentale y a été trouvée. Et, pour le dire en
passant, cette nécessité qui lui était imposée n'est pas la
moindre différence qui la sépare de la philosophie théologique et de la philosophie métaphysique ; celles-là ont
pu exister sans que l'histoire fût une science, et même
l'histoire comme science n'est pas sans les gêner.

La loi fondamentale à laquelle je fais allusion et qui
commence à pénétrer parmi les penseurs est que l'intelligence humaine, dans les périodes antiques, interprète
les phénomènes en les attribuant à des volontés qu'elle
fait analogues à la volonté des hommes ; que, plus tard,
la raison, appliquant la critique à l'ordre des notions
théologiques, rétrécit le domaine du surnaturel et sub-
stitue, partout où elle peut, aux volontés les essences et
les qualités occultes ; et que, finalement, l'expérience,
analysant les phénomènes, en tire des lois qui rempla-
cent et les volontés primitives et les entités intermé-
diaires. On comprend que cette loi est non point une vue
de l'esprit que la philosophie impose aux faits, mais

un résultat expérimental que les faits imposent à la philosophie. Je ne dis pas, non plus, que la civilisation n'a pu suivre que la voie indiquée ; là-dessus je ne sais rien ; je dis seulement que c'est celle-là qu'elle a suivie effectivement. Si, par la pensée, on forme le développement de cette loi fondamentale, l'on verra se dérouler sous sa direction toute la marche de l'histoire.

A celui qui fera cette revue se présentera le moyen âge, période suspecte à beaucoup d'esprits ; car c'est l'ère de la féodalité et du catholicisme. La féodalité, qui entra en décomposition d'elle-même et par le progrès des choses, n'en laissa pas moins, de siècle en siècle, des institutions ruinées, mais oppressives et choquantes pour des hommes qui s'éveillaient à une égalité et à une liberté nouvelles ; les bourgeois et le populaire furent également animés contre ces restes malencontreux d'un autre âge, et ils ne sont pas disposés à approuver dans le passé ce qu'ils ont condamné violemment et justement dans le présent. Contre le catholicisme s'élevèrent d'abord l'hérésie et la réforme, qui partagèrent l'Europe ; puis la science lutta contre lui, et, dans cette lutte, Galilée n'est qu'un épisode frappant et émouvant ; la libre pensée suivit la science ; traitée rigoureusement tant qu'elle resta faible, elle n'est pas plus que le bourgeois et le populaire disposée à juger favorablement de l'âge et de la doctrine qui voulurent l'étouffer. C'est contre ces aversions naturelles mais fausses historiquement que furent écrits les articles composant le présent volume. La vérité scientifique doit toujours être dite impartialement, advienne que pourra. La justice que je rends au moyen âge est une justice historique qui ne réagit aucunement sur la lutte contemporaine. Bien plus, beaucoup de ceux qui s'acharnent contre la superstition et les ténèbres de cette période, désireux toutefois de sauver des lambeaux de théologie ou de métaphysique qui leur sont chers, reculent devant les conclusions radicales de la philosophie positive; cette philosophie qui secoue loin d'elle jusqu'au dernier de ces lambeaux, mais qui, n'ayant ni pour l'ère du christianisme une haine révolutionnaire, ni pour l'ère du paganisme une haine chrétienne, professe admiration et reconnaissance pour la succession des grandes œuvres de l'humanité.

Le moyen âge n'a pas créé les conditions sous lesquelles il s'est formé; il les a reçues. Aussi, ce qui seul doit être mis à sa responsabilité, c'est l'usage qu'il en a fait, soit pour les améliorer, s'il les a améliorées, soit pour les empirer, s'il les a empirées. Il succède à la domination des barbares en Occident. J'en fixe le commencement à la chute des Carlovingiens; c'est alors qu'il n'y a plus un seul chef germain à la tête des nations romanes; ces nations, redevenues indépendantes, sont gouvernées par des chefs indigènes; c'est aussi l'époque de l'établissement définitif et régulier de la féodalité.

Je donne le nom d'empire barbare à toute la période où les Germains s'établirent en Gaule, en Italie et en Espagne, et où toutes les nations latines obéirent à des chefs barbares. Cet empire, qui commença à la chute d'Augustule, fut centralisé par Charlemagne et sous ses successeurs.

Mais comment ne pas jeter un regard sur l'empire romain qui laissa arriver les barbares? La longue décadence qui préluda à cet immense désastre n'est pas moins une difficulté dans l'ordre de l'évolution, que n'est la confusion grandissant sous les royautés germaniques, ou la féodalité dressant ses donjons sur tous les points du territoire occidental.

C'est pourquoi j'ai voulu qu'une *Introduction* mît sous les yeux du lecteur quelques considérations générales sur l'empire romain, sur l'empire barbare et sur le moyen âge; l'empire romain, où commence la décadence; l'empire barbare, où elle arrive au dernier terme; le moyen âge, où se marque le mouvement de restitution et qui aboutit sans interruption, sans solution de continuité, à l'ère moderne.

II

EMPIRE ROMAIN

L'anarchie dans laquelle était tombée Rome, dominatrice des nations, rendait inévitable une crise politique; et cette crise fonda l'empire. L'empire fut une dictature, avec une administration et des lois (l'administration et les lois romaines sont célèbres), mais sans institutions. J'entends par institutions tout mode régulier par lequel les gouvernés interviennent dans le gouvernement qui les régit.

Comme l'empire, fait par Jules César, constitue une longue période qui aboutit à une catastrophe inouïe, la domination des barbares, c'est à l'origine qu'il faut l'examiner, et dans le caractère que lui imprima son fondateur. Là se forme le nœud qui ne se dénouera pas, mais que tranchera le glaive des Goths, des Burgundes et des Francs. Évidemment les choses tournèrent aussi mal qu'il est possible. Mais, en même temps, il faut montrer, ce qui est véritable, comment dans cette période de décadence officielle s'élevèrent des forces restauratrices qui, ne se bornant pas à limiter le mal, produisirent un ordre intellectuel et moral, capable d'équivaloir, comme rôle intermédiaire, à l'ordre intellectuel et moral de l'antiquité.

L'empire ne s'établit point sans une lutte terrible. Le parti qui s'y opposa était puissant : Labiénus et l'Espagne, Pompée et Pharsale, Caton et l'Afrique en font foi. Mais, si la force des armées se balançait, la capacité des chefs ne se balançait pas; et la supériorité du plus rapide vainqueur qui fut jamais, se manifesta partout. Le parti républicain, se sentant encore des ressources, le tua et recommença le combat contre un maître et le pouvoir absolu. Il est donc certain qu'à ce moment Rome était violemment partagée, et que beaucoup défendaient la république, tandis que beaucoup, ne s'en souciant plus, prêtaient leurs bras à qui voulait la renverser.

Devant cette crise qui, pour tant de siècles, décida du sort du monde civilisé (car dans l'empire romain était enclose l'œuvre de civilisation, œuvre suprême à laquelle les Parthes à l'Orient, les Germains au Nord, étaient étrangers); devant, dis-je, cette crise redoutable, l'histoire s'arrête un moment pour juger ce qui s'est

fait ; puis, quand la solution est accomplie, elle ne
considère plus que le phénomène, dont il faut étudier
le développement et les conséquences.

Sous le règne de Tibère, Cremutius Cordus nomma,
dans une histoire, Brutus et Cassius les derniers des
Romains ; l'ombrageuse tyrannie du successeur d'Auguste punit de mort cette parole, et de destruction
le livre où elle était consignée. Le fait est que, généralement, l'antiquité pencha, dans ses jugements, vers
le parti républicain. Mais, de nos temps, regardant
César comme le chef et le représentant du parti plébéien ou populaire, on a dit que son triomphe avait
été le triomphe légitime et l'événement heureux.

Cela est-il vrai? César a-t-il en effet combattu pour la
plèbe, assuré ses droits, accru son importance politique? Est-elle après lui plus libre, plus puissante, plus
grande? D'ailleurs la plèbe antique est-elle l'analogue
de la démocratie moderne? Enfin, la plèbe qui suivit
Clodius, Catilina et César lui-même, était-elle encore
la plèbe de la vieille république et des Gracques?

D'abord, écartons comme fausse l'assimilation de la
plèbe antique avec notre démocratie moderne. La plèbe
antique avait au-dessous d'elle les esclaves et tout ce
qui n'était pas classé ; elle formait un corps essentiellement propriétaire, et, à vrai dire, une aristocratie
intermédiaire entre les patriciens et la tourbe libre et
non libre dont on ne tenait compte ni pour la paix ni
pour la guerre. Au lieu que, depuis l'issue du moyen
âge et du servage, la démocratie moderne a pour élément, à côté de la bourgeoisie, ces classes de travailleurs que l'antiquité ne connaissait que comme classes

serviles ou n'admettait qu'à regret et avec défiance dans ses cadres politiques.

S'il importe de distinguer la plèbe antique de la démocratie moderne, il importe aussi de distinguer la plèbe en sa fleur de la plèbe en sa décadence. Rien ne fut plus sujet à décadence que la plèbe ; et cela se conçoit ; car c'était un corps fermé qui se recrutait insuffisamment, et un corps de petits propriétaires, à qui toutes sortes d'accidents ravissaient la propriété. C'est par la dissolution de la plèbe que toutes les républiques antiques ont manqué ; et Rome ne fit pas exception.

La plèbe romaine, depuis l'institution des tribuns, devint un corps vigoureux, discipliné, admirable, qui lutta à la fois pour des idées politiques et pour des idées qu'aujourd'hui nous nommerions socialistes. Dans l'ordre des idées politiques, elle réclama avec une indomptable ténacité l'égalité à l'égard des patriciens, et le droit de partager les hautes magistratures qui longtemps leur avaient été exclusivement dévolues. Dans l'ordre des idées socialistes, comme elle sentait à tout moment que la propriété, qui faisait sa force, lui échappait, elle demanda sans cesse à être protégée contre la misère et la dissolution par des partages de terres dont la conquête lui offrait de fréquentes occasions. Victorieuse politiquement, elle fut vaincue socialement. Les Gracques, suprêmes socialistes de la plèbe romaine, succombèrent ; le sénat noya leurs projets dans leur sang et dans celui de la plèbe, qui dès lors marcha rapidement vers une irrémédiable décomposition.

Le nom seul en demeura ; et c'était chose accomplie

au temps de César. A la place d'une commune (qu'on me passe cette expression du moyen âge) ardente à conserver, à étendre certains droits qui lui étaient chers, il n'y eut plus qu'une tourbe chez qui tout sentiment politique avait disparu. Dépourvue des anciens mobiles, et ne s'en étant point donné de nouveaux, par ses penchants à la fois séditieux et mercenaires elle appartenait sans conteste à qui l'agitait ou à qui l'achetait, prêtant, pour la ruine de l'État, le grand pouvoir du forum et des comices aux ambitions par qui Rome était déchirée. Refaire une plèbe comme il s'en était produit une spontanément, six à sept siècles auparavant, à l'aurore des vieilles républiques, était impraticable, avec Rome conquérante et le monde conquis; abolir l'esclavage et inaugurer la vraie démocratie était aussi loin des faits que des idées; il ne restait donc que le débat sur lequel roula la guerre civile : ou l'empire dictatorial avec César et Auguste, ou la république aristocratique avec Pompée et Brutus.

Rien n'est donc plus faux que de se figurer César comme le représentant de la plèbe; on ne représente pas ce qui n'existe plus. Cela se vit bien à l'épreuve : sous l'empire il n'y a plus que cette multitude réclamant à Rome du pain et des jeux, *panem et circenses*, et, dans les provinces, s'affaissant graduellement sous le poids de la fiscalité impériale.

Remarquez (ce qui est caractéristique de l'anéantissement politique de la plèbe) que César n'eut pas besoin d'un programme; je me sers de cette expression moderne, qui rend bien la situation. La plèbe ne lui en imposa aucun, soit explicite, soit tacite. Si bien

qu'il sembla d'abord que ce ne fût qu'une querelle
entre César et Pompée. Quelques républicains s'y trom-
pèrent et suivirent César; mais, quand après Pharsale
on se retrouva à Rome, ils virent bien que la république était finie et qu'ils avaient un maître. Ils se ven-
gèrent de leur méprise par un coup de poignard.

César accomplit ce que Catilina venait de tenter. Je
n'accepte pas contre ce sombre et audacieux conspira-
teur toutes les imputations qu'on lit dans les Catili-
naires; il fut vaincu et tué, ne laissant personne pour
défendre sa mémoire si elle a pu être défendue. Mais
ce qui est certain, c'est qu'il recruta à Rome et hors
de Rome une bande hostile au gouvernement, et sans
souci de plèbe, de république ou de liberté. Réussis-
sant, il établissait quelques années plus tôt un empire
peu différent de celui qui fut établi effectivement.

Écartons donc le fantôme du plébéianisme, et voyons
ce qui fit vraiment la force de César et la durée de son
établissement. L'empire fondé par lui représenta l'ordre
sous la forme de la dictature ou pouvoir absolu. Beaucoup lui en surent gré; et les premiers Césars, Auguste
surtout, jouirent de la faveur que conciliait à l'empire la tranquillité générale, ou, pour me servir de
l'expression de Pline, l'immense majesté de la paix
romaine. Mais plus tard cette paix, cette majesté disparurent; les guerres civiles éclatèrent, les guerres
étrangères n'eurent que des trêves, et une menaçante
destinée s'appesantit sur Rome.

Il n'est pas sans importance de considérer ce que
devint la plèbe sous l'empire et par delà l'empire.
Par ce mot j'entends maintenant non pas la plèbe po-

litique, celle-là est morte, mais l'ensemble des gens libres qui n'appartenaient ni à l'aristocratie nobiliaire et territoriale, ni à l'aristocratie administrative, en d'autres termes le corps des petits hommes libres. Sa destruction ne fut point arrêtée par le nouveau régime qu'on dit aujourd'hui avoir été fait pour elle. Déjà sous Vespasien, Pline l'ancien déplorait qu'elle eût disparu des campagnes italiques, s'écriant avec douleur que la grande propriété avait perdu l'Italie (*latifundia perdidere Italiam*). Dans les siècles suivants, la fiscalité impériale, de plus en plus écrasante, la rongea incessamment et réduisit ce qui en restait au désespoir. Les barbares arrivèrent; dans la confusion, dans les partages, dans l'insécurité, la plèbe n'eut plus où reposer sa tête, si bien que, sous les Carlovingiens, elle avait disparu jusqu'au dernier homme; il ne restait plus un seul individu libre, et chacun était devenu l'*homme* d'un supérieur. Si l'on revient par la pensée sur ce long changement social, on voit que la plèbe antique, souvent si grande et si belle, n'ayant, à cause de sa position entre l'aristocratie et les esclaves, qu'une base étroite, ne se maintient pas; que, disparaissant graduellement, elle vient se perdre dans le vasselage de l'aristocratie féodale, et que de là elle renaît sous une forme plus haute, celle de la démocratie moderne. Donc, si, par un côté, il y a eu décadence et destruction, il y a eu, par l'autre, rajeunissement et reproduction. Certes je ne veux pas dire, car je ne le sais pas, que la destruction de la plèbe antique, l'absorption de tout plébéien dans le vasselage féodal, et l'issue, hors du sein de ce vasselage, de notre démocratie soient trois phases nécessairement coordonnées.

vant une voie différente ; c'est-à-dire en supposant que
l'invasion barbare n'ait pas eu lieu. Il serait futile de
prétendre refaire l'histoire et de vouloir donner de la
réalité à des conceptions idéales. Mais il peut y avoir,
comme exercice, une véritable utilité à considérer des
cas hypothétiques bien caractérisés. Par une étude de
ce genre on s'habitue à reconnaître les rapports de
causes et d'effets et à comprendre nettement que l'histoire n'est point un jeu fortuit d'accidents ni une répé-
tition de scènes toujours semblables, toujours tour-
nant dans le même cercle. Sans doute, quand on fut
au troisième ou au quatrième siècle de l'ère chrétienne, et que, pour me servir du langage mélanco-
lique de Tacite, les destinées de l'empire inclinèrent
vers la décadence : *vergentibus imperii fatis ;* il était
devenu impossible de détourner la catastrophe immi-
nente. Ni l'activité militaire de Constantin, ni les brillantes expéditions de Julien, ni la vigueur de Théo-
dose ne réussirent à fermer les profondes trouées qui
avaient été faites aux frontières. Mais il fut un temps
où le mal n'était pas aussi menaçant et où la puissance
était plus grande. Quand Germanicus alla venger la
défaite de Varus, la Germanie était conquise, si Tibère
l'eût voulu ; mais la guerre et la conquête ne convenaient pas à ce prince, surtout si les armées devaient
avoir pour chef son fils adoptif. Les légions romaines
rentrèrent de ce côté-ci du Rhin, et y montèrent pendant quatre cents ans cette faction si souvent troublée
par de chaudes alarmes, et finalement emportée par
l'invasion. Mais si l'on suppose la Germanie civilisée
et la barbarie arrêtée à la Vistule, les destinées de

l'empire suivent leur cours ; le christianisme s'établit ;
l'esclavage, contre lequel les codes commençaient à
inscrire des dispositions, se modifie ; la société nouvelle se fonde ; la transmission des sciences, des
lettres et des beaux arts n'éprouve point de fâcheuses
interruptions ; et l'on peut conclure que la transition
du monde ancien au monde moderne eût été plus
courte et meilleure, et que la rénovation, au lieu
d'être terminée vers le dixième siècle, aurait été accomplie dès le septième ou le huitième.

La considération des cas hypothétiques a aussi cela
d'utile qu'elle oblige à distinguer soigneusement ce
qui, dans l'histoire, est nécessaire de ce qui n'y est
que contingent. Dans le cas spécial ici examiné, ce
qui est nécessaire, c'est le développement des germes
déposés dans la société par la science, par la philosophie, par les lettres, par les arts, par les mœurs et les
institutions, et tellement nécessaire, que la plus for-
midable invasion de barbares dont l'histoire ait gardé
le souvenir ne put pas prévaloir ni ensevelir la civilisation sous la ruine des villes et sous les pieds des
peuplades conquérantes. Ce qui fut contingent, c'est
le naturel particulier de Tibère, qui craignit Germanicus, et qui crut devoir suivre une politique purement
conservatrice. Le corps social est tellement complexe
et formé de tant d'éléments solidaires les uns des
autres, que les perturbations y sont incessantes. Des
causes perturbatrices dérangent à chaque instant la
marche régulière des choses, et y prennent une part
très-considérable, qu'on peut appeler fortuite, c'est-
à-dire placée hors de tout calcul et de toute théorie.

Non pas que je veuille aucunement dire que ces causes
n'ont pas leur raison d'être; mais elles appartiennent à un ordre tout autre que l'ordre historique, et
elles sont ou physiques ou physiologiques. C'est ainsi
que l'inondation qui, dit-on, chassa les Cimbres hors
de chez eux, et qui menaça si gravement l'histoire de
Rome, est une cause physique. C'est ainsi que la maladie qui emporta Alexandre, et qui eut une influence
si considérable sur la suite des choses, fut une cause
physiologique. L'action de ces accidents est grande,
modifie l'histoire dans de certaines limites, et ne peut
être soumise à aucune combinaison. Tel est, dans la
science historique, le départ du nécessaire et du contingent, du fortuit et du régulier, des perturbations et
de la loi.

Les barbares, dit-on, rajeunirent par un sang nouveau le sang épuisé et abâtardi des populations
romanes. Cette phrase souvent répétée, qui a une
apparence de rigueur scientifique, renferme deux
erreurs, l'une physiologique, l'autre historique. En
physiologie, que signifie améliorer le sang? C'est
introduire dans une race des individus doués de qualités supérieures. Par l'intermédiaire de l'hérédité,
qui est une des propriétés des corps vivants, ces aptitudes passent aux descendants; et, si l'on a soin d'écarter le mélange avec des individus inférieurs, on finit
par créer un type perfectionné qui se propage par lui-
même. C'est ainsi que le cheval anglais a été créé. Se
passa-t-il quelque chose de semblable lors du mélange
des barbares avec les populations romanes? non certainement. D'après la théorie de l'hérédité, les peuples

sauvages, qui ont moins d'idées et moins d'aptitudes
que les peuples civilisés, ne peuvent influer que défa-
vorablement par leur mélange; et l'histoire prouve
que, bien loin d'améliorer le sang, ce sont eux, au
contraire, qui ont besoin que leur sang soit amélioré.
Il se passe toujours un long temps avant qu'ils deviennent aptes à concevoir les idées qui nous paraissent
même les plus simples. C'est cet obstacle qui rend
illusoire toute tentative d'appliquer aux nations arrié-
rées les institutions des nations avancées, et qui re-
tarde toujours la régénération de celles qui, par une
raison quelconque, étaient tombées dans un état inférieur. Ainsi, physiologiquement, ce ne furent pas les
barbares qui améliorèrent la population romane, ce
fut la population romane qui améliora les barbares.
Mais, comme l'invasion fut nombreuse, il y eut certainement abaissement du type. Quelque chose de sauvage, d'indocile et d'obtus passa dans les Gallo-Ro-
mains, et ceci fut pour beaucoup dans la lenteur
avec laquelle s'effectua la rénovation.

Historiquement, l'erreur que je signale n'est pas
moindre; elle tient à une confusion singulière et à
une vue incomplète des choses. Les barbares, dit-on,
rajeunirent une société vieillie. Oui, certes, il y avait
alors une société vieillie; mais les barbares ne la rajeunirent pas, et les débris qui en restaient encore
continuèrent à se dissoudre et finirent par disparaître
complétement: c'était la société païenne, ruinée sans
retour par le travail intestin des idées. Mais, à côté,
se trouvait une société nouvelle qui se développait par
ses propres forces, et qui était le produit naturel de

l'ancienne civilisation; celle-là n'avait aucun besoin de l'intervention des barbares pour prospérer, et, certes, à côté d'elle, les Germains avec leur Olympe sauvage, avec leurs dieux qui buvaient dans les crânes ennemis, avec leur vie toute dénuée de culture, appartenaient, dans le fait, à un monde plus ancien, à une période historique plus reculée que le paganisme lui-même, le paganisme rejeté cependant comme un vieux vêtement par la société qui se formait. Ainsi, au moment de l'invasion, il se trouvait, non pas une société vieillie, mais deux sociétés : l'une vieille et l'autre jeune; l'une malade au point qu'aucun remède ne pouvait prolonger son existence, et que le brillant Julien lui-même échoua dans cette entreprise rétrograde; l'autre vigoureuse et croissant avec tant de force, que non-seulement elle se débarrassa des langes qui l'enveloppaient, mais encore dompta l'invasion barbare et l'absorba.

On le voit donc, la physiologie, par sa loi d'hérédité, l'histoire, par une juste appréciation de l'état des choses, enseignent également que l'invasion ne put rien améliorer. Ce fut, à vrai dire, une grave maladie du corps social, la plus grave peut-être que nous connaissions. Jusqu'à ce que la science historique se soit établie et se soit donné des expressions qui lui conviennent, on ne peut mieux faire que de chercher dans la physiologie, qui lui touche de si près, des comparaisons et des analogies. De même que le corps humain est sujet, dans son développement, à des maladies qui, sans en arrêter le cours, lui causent souffrance, mal et perte de temps, de même le corps social, encore plus compliqué, éprouve des désordres qui le compromettent plus ou moins gravement. De même que le corps vivant, en vertu de la solidarité qui en unit les parties, ressent dans son entier la lésion faite à un point déterminé, de même le corps social, par une solidarité analogue, n'est pas malade en un point sans l'être aussi partout.

La notion de corps social est une idée nouvelle et qui est propre à la science historique. Le corps social n'est pas l'ensemble des populations répandues sur le globe, c'est quelque chose de plus circonscrit. La première fois qu'on peut le reconnaître distinctement, c'est dans la Grèce. Les petits États qui couvraient ce pays, et leurs colonies semées en Asie, en Sicile, en Italie, dans la Gaule, en Afrique, formaient un tout uni par la communauté de civilisation. Le peuple romain, entrant à son tour dans cette association civilisatrice, lui donna une assiette bien plus large, et, on peut le dire, la fonda d'une manière inébranlable. Le moyen âge en accrut considérablement les limites et y attira tout le Septentrion. Enfin, les temps modernes l'ont vue s'étendre encore démesurément. L'Europe ne forme plus qu'une grande république; une nouvelle Europe se crée en Amérique; et on peut prédire que, dans un temps qui n'est plus bien éloigné, le corps social occupera toute la terre. Telle en a été la croissance; mais ce ne fut pas sans de grands troubles, sans de cruelles maladies qu'il se développa ainsi; et l'invasion barbare doit être comptée au nombre des faits les plus graves de la pathologie historique.

II. — Des richesses de l'abbaye de Saint-Germain-des-Prés.

Les grandes abbayes étaient, au commencement du neuvième siècle, extrêmement riches et puissantes; on en jugera par ce détail de l'abbaye de Saint-Germain-des-Prés. Le Polyptyque, publié par M. Guérard, constate qu'elle possédait 22,234 hectares de terres labourables, 429 hectares de vigne, 504 hectares de prés, 92 hectares 1/2 de pâturages, 1 hectare 1/2 de marais, 197,927 hectares de bois; en tout 221,187 hectares. Ces terres produisaient, d'après l'évaluation de M. Guérard, un revenu de 666,564 francs. Mais ce n'est là que le relevé du polyptyque qui est sous nos yeux : or, le manuscrit est mutilé; il en manque une portion considérable. D'après des calculs qui sont probables, mais pourtant conjecturaux, les revenus des possessions territoriales de l'abbaye montaient à environ 1,100,000 francs monnaie actuelle. La même abbaye jouissait encore, lorsqu'elle fut supprimée, d'un revenu évalué à 130,000 francs dans l'Almanach royal de 1789. D'après un état dressé en 1730 par les moines eux-mêmes, elle avait à cette époque un revenu effectif de 142,325 livres, dont 90,780 livres pour l'abbé et 51,543 pour les religieux.

On s'étonnera sans doute qu'avec des bois aussi considérables, dont la contenance allait à près de 200,000 hectares, le revenu n'ait pas été plus élevé; mais alors le produit des bois était proportionnément bien moindre que celui des terres, à cause du grand nombre et de la vaste étendue des forêts qui existaient dans le royaume des Francs. Le bois étant à vil prix, celui qui restait dans les forêts des moines, après qu'ils en avaient tiré tout ce qu'il leur fallait pour leur usage et celui de leurs hommes, était d'une bien petite valeur vénale, quoique la quantité en fût énorme, et M. Guérard pense qu'on ne peut pas évaluer à plus d'un franc le produit d'un hectare de bois, y compris la valeur de la paisson.

Le polyptique d'Irminon suffit pour montrer quelle était alors la puissance du clergé, en montrant quelle était sa richesse. Ces deux conditions sont toujours corrélatives : la puissance amène la richesse, et la richesse entretient la puissance. Peu de siècles auparavant, le clergé chrétien n'existait pas; puis il s'était créé au sein d'une société hostile, ne vivant que de contributions volontaires; puis, enfin, la révolution s'étant définitivement accomplie, lui qui en avait été le chef, se trouva nécessairement, par la force des choses et par la sympathie populaire, nanti de la puissance et de la richesse. Celui qui examine l'état de l'empire avant sa chute, voit l'empereur grand-prêtre et chef des armées, au-dessous de lui l'aristocratie qui possède des biens-fonds immenses, au-dessous encore de petits propriétaires qui, par une tendance déjà très-marquée vers la féodalité, vont continuellement diminuant, et enfin la masse des esclaves. Au neuvième siècle, tout a changé; l'empereur et l'aristocratie ont cédé une part considérable de la propriété à un pouvoir nouveau, le pouvoir spirituel. Au lieu d'une seule puissance, il y en a deux, et aussitôt le sol s'est partagé entre deux possesseurs. Dans les temps qui suivirent Charlemagne, il n'est plus aucune terre qui n'appartienne soit au seigneur, soit au clergé ; toute existence intermédiaire entre le prêtre et le soldat disparaît, et la vraie société féodale est constituée. La durée en fut courte ; en effet, la décadence en commence au premier affranchissement d'une commune. Dès qu'il y eut des hommes qui ne furent dans la possession ni de l'Église, ni des seigneurs, un nouvel élément, un nouveau pouvoir commença dans la société. Ces hommes affranchis, qui n'étaient pas militaires de naissance comme le noble, et parmi lesquels l'Église ne choisissait que des individus, devinrent industriels, et l'industrie, dès lors composée d'ouvriers libres, vint peu à peu s'interposer entre les deux anciens maîtres de toutes choses ; sans qu'il se fît d'esclaves, remarquez-le bien, car c'est là ce qui distingue socialement cette fin du moyen âge d'avec l'antiquité.

Aujourd'hui cette révolution est déjà assez avancée pour frapper tous les yeux. Il n'est personne qui ne sente dans les affaires le poids des industriels ; et leur pouvoir, on peut le prédire sans crainte d'être démenti par l'événement, est destiné à croître encore. Quelque grande que soit la place tenue par l'industrie, cette place est encore petite en regard de celle que lui réserve l'avenir. Le globe est soit en friche, soit inaccessible en bien des points ; les sciences n'ont pas dit leur dernier mot ; et l'administration de ce grand domaine terrestre exigera de savantes combinaisons et l'emploi des hautes facultés de l'esprit. Combien cette administration n'est-elle pas encore dans l'enfance? Nous en avons, à l'heure même, un exemple remarquable sous les yeux. Telle est en ce genre l'impuissance, qu'il a suffi d'une mauvaise récolte pour que le pays fût aussitôt en proie à des souffrances cruelles [1].

D'un autre côté, il ne faut pas perdre de vue que les pouvoirs qui jadis existaient seuls subissent de profondes modifications. Autrefois (cet autrefois n'est pas loin, et il en reste bien des débris), tout était régi, au temporel, par un pouvoir féodal et militaire qui, sur beaucoup de points, se concentra en une monarchie irresponsable, et, au spirituel, par un pouvoir théologique qui avait la direction de la partie intellectuelle et morale de la société. C'est de la lutte contre ces deux pouvoirs, quand, leur office étant accompli, ils entrèrent en décadence, qu'est née la liberté moderne, qui se caractérise essentiellement par le droit de tout citoyen de participer, d'une façon quelconque, au gouvernement. Mais cette liberté, précieuse conquête indispensable à tout développement ultérieur, tomberait dans le vide à peu près comme la liberté antique, si deux œuvres immenses ne s'ouvraient à son activité. La première est de créer un système intellectuel et moral que, sans scrupule, je nommerai spirituel, et qui soit purement laïque, c'est-à-dire indépendant de toute théologie. La seconde est d'introduire les travailleurs dans le gouvernement de la

1. Il s'agit de la disette de 1847. Depuis, les transports devenus plus faciles grâce aux chemins de fer, et le commerce des grains soustrait aux entraves, ont transformé les disettes en de simples chertés.

société, afin que, sous le contrôle de la science sociale,
s'élève une humanité où le travail soit traité en frère,
lui qui fut si longtemps traité en esclave, en serf, en
manœuvre.

Au temps de l'abbé Irminon, les choses n'en étaient
pas là. La société féodale se fondait; le pouvoir spirituel et le pouvoir temporel se séparaient; l'esclavage
s'amoindrissait et la féodalité se préparait. Ce grand
travail, qui par soi-même aurait été laborieux, se
trouvait encore compliqué grandement par la présence des barbares, différents entre eux et différents
aussi de la population gallo-romaine. « Rien de plus
divers, dit M. Guérard, rien de plus discordant, de
plus hétérogène, que les populations, les états, les
intérêts, les institutions que la société présentait en
France pendant les quatre premiers siècles de la monarchie. Il y avait d'abord des peuples conquérants
et des peuples conquis, savoir : des Saliens, des Ri-
puaires, des Bourguignons, des Allemands, des Visi-
goths et des Gaulois ou des Romains. Il y avait ensuite
des hommes libres, des colons et des serfs. Il y avait
en outre plusieurs degrés dans la liberté et dans la
servitude. L'inégalité se reproduisait également sur
le sol : selon que les terres étaient franches, dépen-
dantes ou en servitude, elles composaient des alleux,
des bénéfices ou des tenures. De plus, elles avaient
chacune des coutumes et des usages particuliers, suivant les maîtres et suivant les pays. Il y avait donc
partout diversité et inégalité; et, comme nulle part rien
n'était réglé, ni contenu, ni définitif, il y avait lutte
et guerre. »

C'était donc véritablement une époque de transition. Et, en effet, quand on examine les documents qui nous en sont arrivés, on voit que tout est en désordre, que tout est confondu. Le polyptyque d'Irminon est une pièce importante parmi ces documents, d'autant plus qu'il a un caractère authentique et on peut dire officiel.

« Ce polyptyque, dit M. Guérard, au lieu d'être un recueil de renseignements, fait à la guise et de l'autorité privée de l'abbé Irminon, pour la commodité et la sûreté des comptes de l'administration temporelle, est un état officiel et authentique des biens et des droits de son abbaye, dressé solennellement et contradictoirement par les parties intéressées, obligatoire pour toutes, et, au besoin, faisant foi en justice. Pour rédiger un livre de cette espèce, des commissaires chargés de cette mission et investis d'un caractère public, se transportaient dans chacune des terres de l'abbaye ; ils en assemblaient les tenanciers et procédaient à une enquête, dans laquelle ceux-ci faisaient la déclaration de ce qui composait leurs terres et des redevances ou services auxquels ils étaient obligés par la coutume ou l'usage de l'endroit. On dressait un procès-verbal de leurs déclarations, dont la vérité était attestée par le serment des plus anciens et des plus considérables d'entre eux ; et cette pièce devenait ainsi un acte irréfragable pour le maître comme pour ses tributaires, et la loi constante de la terre et de ses habitants. » (T. I, p. 30.)

On reconnaît dans le polyptyque d'Irminon quatre principales classes de personnes : les hommes libres, les colons, les lides et les serfs. La liberté était progressivement décroissante de la première classe à la dernière. L'état du colon était meilleur que celui du lide, et celui du lide meilleur que celui du serf. Ces trois états, qui finirent par se confondre, restaient séparés dans le principe par des barrières insurmontables.

L'homme libre du moyen âge est en quelque sorte défini par une formule commune à beaucoup d'actes d'affranchissement. C'est l'homme qui jouit du droit d'aller où il veut sans empêchement et sans pouvoir être légalement réclamé par aucun maître. On peut distinguer trois ordres d'hommes libres, suivant qu'ils ont : 1° liberté, propriété et juridiction; 2° liberté et propriété sans juridiction; 3° liberté sans propriété ni juridiction.

Le colon, qui existait déjà dans l'empire romain, était l'homme qui, inséparablement attaché à la culture d'un fonds étranger, en faisait les fruits siens moyennant une redevance fixe qu'il payait au propriétaire. Vivre et mourir sur le sol où il était né, c'était là son destin comme celui de la plante.

Autant qu'on peut distinguer le lide du colon, celui-là, attaché comme celui-ci à la terre, avait une part plus considérable de service à accomplir auprès du maître. Comme on voit, le lide et le colon étaient dans un état mixte composé moitié de liberté, moitié de servitude.

Enfin venaient les serfs ou esclaves, qui appartenaient au maître, et qui pouvaient être vendus et aliénés comme une chose.

D'un autre côté, la terre ne présentait pas moins de différences. Il y avait des terres libres et des terres serves; ce qui en faisait la condition, c'était la nature des redevances, non l'état des personnes. Sans doute, à une époque antérieure, ces deux choses se correspondaient : les terres libres étaient données à des libres et les terres serves à des serfs. Mais au temps de Charlemagne tout cela était en pleine confusion. Des terres libres sont occupées par des serfs, et des terres serviles par des libres. Alors les redevances et les services qui jadis n'étaient imposés qu'à des esclaves, le sont à des hommes libres, et réciproquement des charges réservées anciennement aux hommes libres sont supportées par des esclaves. En un mot, il y a contradiction flagrante entre la loi des personnes et celle des choses. La désorganisation de l'ancien compromis entre l'invasion barbare et l'administration romaine devenait chaque jour plus grande, et toutes les diversités de race et de condition tendaient à se confondre en une seule uniformité, qui fut un peu plus tard l'uniformité féodale.

Cette transition et cette fusion sont manifestes, même pour les noms propres des hommes. Dans les premiers temps qui suivirent l'invasion, le nom seul suffit pour distinguer le barbare du gallo-romain ; mais les nouveaux venus finirent par se mélanger avec la population indigène, et dans le polyptyque de l'abbé Irminon ces distinctions sont tellement effacées, qu'au sein de la même famille les divers membres portent les uns des noms germaniques, les autres des noms latins.

Ce qui n'est pas douteux, à l'inspection du polyptyque d'Irminon, c'est qu'au commencement du neuvième siècle, l'agriculture présente, dans les possessions de l'abbaye de Saint-Germain, un état remarquable de prospérité. Les terres y sont divisées en domaniales et en tributaires. Les premières sont administrées par les moines ou par leurs officiers, et les secondes possédées par des colons, des lides, des serfs, et quelquefois même par des hommes libres qui les ont reçues et qui les tiennent de l'abbaye. La plus grande partie des terres tributaires sont distribuées en petites fermes appelées *manses*. Ces manses sont occupés par une ou plusieurs familles, et ces familles, quoiqu'elles soient, en général, assez chargées d'enfants, sont loin de paraître dans l'indigence. Outre les terres de leur tenure, elles avaient néanmoins à cultiver celles des manses seigneuriaux. Aux différentes saisons de l'année, les hommes de l'abbaye, sous la direction ou sur l'ordre du maire et du doyen de la terre, se rassemblaient, les uns avec des chevaux et des bœufs, les autres avec des pioches, des houes, des bêches, des haches, des faux, des serpes et autres instruments de ce genre, et allaient par bandes travailler dans les champs, les vignes, les prés et les bois du manse seigneurial.

Le manse était héréditaire : il ne pouvait être morcelé ; les charges imposées étaient fixes ; mais les terres qui n'étaient point *amansées* (on donnait souvent le nom d'hospice à ces terres) étaient susceptibles d'être ou réunies ou divisées, à la volonté du maître ; par conséquent, elles ne pouvaient pas être régies par un droit uniforme, et sans doute, à l'origine, elles ne furent que des tenures temporaires; mais, les terres, aussi bien que les personnes, tendant à se confondre, l'intervalle qui séparait les manses des hospices se détruisit insensiblement, et ces deux espèces de tenures ne différèrent l'une de l'autre que du plus au moins, c'est-à-dire que les petits manses devinrent de grands hospices, et les grands hospices de petits manses. On remarquera cette constitution de la propriété foncière, qui ne permettait pas que les terres tributaires se morcelassent continuellement, et qui réglait une fois pour toutes, aussi bien à l'égard du maître qu'à l'égard du tributaire, la contenance du fonds acensé.

Le manse tributaire se composait, en moyenne, d'environ dix hectares et un tiers, et rendait cent quarante et un francs de cens. Il en résulte que le produit de l'hectare acensé n'était que de treize francs soixante-cinq centimes. La population des mille six cent quarante-six manses tributaires était au moins de dix mille personnes réparties en deux mille sept cent quatre-vingt-huit ménages, et par conséquent, pour chaque ménage, un peu plus de six hectares.

Le polyptyque d'Irminon contient un grand nombre de noms de petites localités qui ne sont pas sans quelque intérêt pour l'étude de la langue. Ce document, ayant été rédigé dans les premières années du neuvième siècle, est voisin de l'époque où est signalé le premier monument en langue vulgaire, à savoir le serment des fils de Louis le Débonnaire. Si l'on compare les noms dans leur forme ancienne et dans leur rme actuelle, on a, d'une part, l'étymologie, qu souvent est immédiatement donnée ; d'autre part, la trace de la transformation éprouvée par le mot. Il serait sans doute fort difficile, sans ce secours, de savoir ce que signifie le nom de Morsan, petit village situé sur la Seine ; mais, quand, dans le polyptyque, on le voit dénommé *murcinctus*, on reconnaît aussitôt la cause de l'appellation, due à un mur qui enceignait sans doute ce village. De plus, on peut remarquer une empreinte de la langue moderne qui commençait à poindre : le latin aurait dit *murocinctus;* le peuple disait dès lors *murceinct*, et le bas latin reproduit *murcinctus*. Palaiseau est *palatiolum*, à cause d'un petit palais où ont résidé les rois de la première race. Les noms de lieux, quelquefois merveilleusement conservés, se sont, dans d'autres circonstances, profondément altérés, plus même que les autres mots. Le sens n'en étant pas toujours aussi déterminé et aussi clair que dans les termes de la langue elle-même, le vulgaire les a, en plus d'un cas, estropiés de la façon la plus singulière. Ainsi, un village nommé dans le polyptyque *Andria*, s'est nommé Andrie, Andrive, et enfin Haute-Rive, quoiqu'il ne s'y trouve pas même un cours d'eau.

Ces quelques mots sur la langue ne sont pas inutiles pour compléter le tableau des prolégomènes du moyen âge. Telles étaient, en effet, les affinités actives des éléments combinés, que tout se créait à nouveau, société, mœurs et idiomes ; et, certes, ce n'est pas faire une comparaison inexacte que de se représenter l'Occident comme un grand laboratoire où les choses abandonnées à leur tendance s'arrangeaient suivant leurs lois propres. Charlemagne, homme vraiment politique, intervint pour régulariser, au profit de la société nouvelle, les conditions que le passé lui avait transmises.

« De tout ce mélange, dit M. Guérard, et ce pêle-mêle de races, de chefs de bande, de chefs de canton, et d'hommes attachés à des institutions, à des usages, à des seigneurs différents, Charlemagne fit autant de sujets, et d'une foule de petits peuples il s'efforça de former une grande nation. Il sut s'emparer des ambitions et des passions personnelles ; il sut réunir, diriger et maîtriser les forces particulières et opposées, bâtir des villes, et accomplir des merveilles avec des instruments de destruction. On le vit assigner et assurer à chacun sa place, imposer et maintenir l'obéissance, et créer à tous une communauté d'intérêts. L'ennemi qu'il attaqua hors des frontières devint l'ennemi commun. Les assemblées qu'il tint chaque année, il les rendit nationales. La juridiction de ses commissaires s'étendit sur tous les habitants et sur toutes les parties de ses États. Il reconstitua l'unité du pouvoir et le gouvernement central ; il recueillit les restes de la civilisation et les anima d'une nouvelle vie ; et, lorsqu'il eut consacré son siècle à l'admiration de la postérité, il descendit dans la tombe en souverain, laissant à son héritier la paix avec un empire immense, florissant et calme, dont tous les peuples concouraient ensemble vers le but qu'il avait marqué. Louis le Débonnaire, fils malheureux, mais indigne, mais coupable, de ce grand prince, renversa de fond en comble l'édifice majestueux élevé par son père. Il remit la

division partout, dans les hommes comme dans le
territoire, et rendit, par la faiblesse et l'inconstance
de son esprit, par son manque de foi et de prudence,
tout individuel et local comme anciennement. Il eut
un règne si funeste, qu'après avoir hérité d'un pouvoir qui s'étendait depuis la Catalogne jusqu'au delà
de l'Elbe, et qui n'avait pas de contre-poids en Europe,
il transmit à ses fils, avec la discorde et la guerre, des
royaumes qui tombèrent en épouvante et en péril à
l'approche de quelques bandes d'aventuriers. Bientôt
disparurent pour longtemps la tranquillité publique
et la sécurité personnelle, l'autorité royale, les institutions et les lois. La confusion devint générale, et le
droit fut remis à la force. Fallait-il donc passer par
cette anarchie pour arriver à la renaissance? et la
route qu'avait tracée Charlemagne n'y conduisait-elle
pas d'une manière plus prompte et plus sûre? »
T. I, p. 204.)

Cet éloge est complétement mérité. Mais alors tout
courait à la féodalité, et il aurait fallu, chose on
peut dire impossible, plusieurs grands princes de
suite pour conserver la prépondérance au pouvoir
central. Ce pouvoir, sous les faibles successeurs de
Charlemagne, se réduisit à une ombre, et il ne se reconstitua que longtemps après, autour du grand fief
qui appartenait au chef de la troisième race. Toutefois,
le travail politique de Charlemagne ne fut pas perdu,
et l'on doit regarder comme capital le service qu'il
rendit par la conquête de la Germanie. En cela il re-
prit l'œuvre abandonnée plus de sept siècles auparavant par les Romains; et, en faisant entrer cette grande

contrée dans la république occidentale, il donna à la civilisation une stabilité qu'elle n'avait pas encore eue; au lieu d'être sur le Rhin, les limites en furent sur l'Oder et la Vistule. La barbarie, cessant d'avoir pour avant-garde les Germains, aurait dû leur passer sur le corps avant d'atteindre le reste de l'Occident; et aussi, depuis lors, elle a été mise hors de cause et s'est trouvée incapable de renouveler les grandes invasions.

On ne peut trop apprécier l'efficacité des conquêtes que fit Charlemagne de ce côté. Sans doute on n'alléguera pas ici, comme on fit tant de fois, les vertus patriarcales et l'innocence inoffensive des peuples barbares. Rien de plus mobile et de plus remuant que de pareilles populations, pour qui la guerre est une occupation favorite. Les Gaulois se jetaient incessamment sur l'Italie, sur l'Espagne, sur la Grèce même et l'Asie Mineure; les Germains se répandaient sur l'empire romain, et, à moins de vouloir subir indéfiniment ces attaques dangereuses et rester, comme les empereurs romains, immobiles à la garde des frontières, il fallait bien se décider à la guerre d'invasion et à la conquête.

Quand je parle ainsi, on ne m'accusera pas, j'espère, de prétendre que les hommes qui ont mené alors les affaires prévirent des résultats lointains et agirent en vue du bien d'une civilisation à venir. Si Tibère suivit la politique conservatrice, c'est que cela convenait à son humeur et à ses intérêts du moment; si César et Charlemagne incorporèrent, l'un la Gaule, l'autre la Germanie, c'est qu'ils aimaient la guerre et poursuivaient des vues ambitieuses. Seulement, tel était alors le conflit de la civilisation et de la barbarie, qu'il importait que César ne fût pas vaincu et que Charlemagne ne laissât pas, comme Varus, les ossements de ses guerriers dans les forêts saxonnes.

Charlemagne fit pour la civilisation, en soumettant la Germanie, ce que César avait fait en soumettant la Gaule. Qu'on imagine ce qu'aurait été le flot de l'invasion, si la Gaule n'eût pas été romaine et se fût précipitée avec les nations septentrionales sur le monde civilisé. Loin de là, elle opposa aux envahisseurs une longue résistance, et, à vrai dire, depuis le règne de l'empereur Julien, elle fut le centre des grandes affaires jusque par delà Charlemagne. Cet ascendant qu'elle eut à l'heure de la dissolution de l'empire, elle le dut à sa position limitrophe de la barbarie, condition qui a joué jadis un rôle plus considérable qu'on ne pourrait le croire d'après l'état des choses actuelles, où elle est évidemment sans influence. Être à la fois le boulevard et l'avant-garde de la civilisation était une fonction capitale, dans un temps où la barbarie était si puissante. Ce fut une part notable de la prépondérance de la Grèce quand l'Italie était barbare, de l'Italie quand la Gaule était insoumise, de la Gaule quand la Germanie menaçait sans cesse de franchir le Rhin, de la Germanie quand, au début du moyen âge, elle se trouva chargée d'arrêter et de civiliser les populations slaves et scandinaves qui bordaient sa frontière.

Au point de vue historique, on doit admirer la persévérance et le succès de Charlemagne dans une entreprise qui avait rebuté l'empire romain à l'apogée de sa grandeur.

III. — *De l'abolition de l'esclavage.*

La tentative de Charlemagne pour constituer le pouvoir central, toute sage et vigoureuse qu'elle ait été, échoua, et la société se trouva complétement livrée à ses propres tendances. Aussitôt on la vit se dissoudre en une multitude de petites agglomérations, les moins puissants se groupant autour des plus puissants, et ainsi de suite jusqu'au dernier échelon, celui du serf, qui cultivait la terre. C'est là ce qu'on appelle la féodalité, époque où il n'y eut, à vrai dire, personne de libre, chacun étant assujetti à un service envers un supérieur. M. Guérard a parfaitement décrit cette transition : « Le nombre des hommes libres en France, avant l'institution des communes, alla toujours en augmentant ou en diminuant suivant l'idée qu'on attache à ce nom. Si l'on entend par liberté l'état des personnes qui n'étaient ni des vassaux, ni des colons, ni des serfs, les hommes libres, qui dans ce cas ne sont autres que les hommes indépendants, furent toujours de moins en moins nombreux et finirent par disparaître à peu près entièrement au dixième siècle. Alors, presque tout ce qui habitait en France était l'homme de quelqu'un, quoique à des conditions fort différentes. Mais, si l'on entend généralement par libres tous ceux qui n'étaient pas serfs, la classe des hommes libres se grossit continuellement sous l'influence et sous la protection de la religion chrétienne, qui attaqua la servitude dans son principe, et qui, en la combattant sans relâche, finit par en délivrer la plus grande partie de l'Europe. »

La grande différence de la féodalité avec l'antiquité, c'est qu'elle n'a plus ni hommes libres, ni esclaves. Les hommes libres, nous venons de voir comment ils disparurent, ils devinrent des vassaux ; voici comment les esclaves se haussèrent d'un degré dans la société : ils devinrent des hommes de mainmorte : « A partir, dit M. Guérard, de la fin du neuvième siècle, le colon et le lide deviennent de plus en plus rares dans les documents qui concernent la France, et ces deux classes de personnes ne tardèrent guère à disparaître. D'un autre côté, la condition des esclaves subissait une modification favorable, et, les diverses classes de personnes non libres tendant à se confondre, les colons, les lides, et les esclaves cédaient la place à une seule classe de personnes, aux hommes de *pôté* (*homines potestatis*), aux vilains, aux mainmortables, à tel point qu'au commencement du dixième siècle, la mainmorte avait succédé, en France, à toutes les classes enfermées dans l'ancienne servitude. De cette uniformité de population et du changement de sa condition résulta la possibilité de l'affranchissement des communes. »

Une fois que le serf est devenu mainmortable, qu'il possède sa terre à titre héréditaire, et qu'il ne peut plus en être séparé, il est facile de comprendre comment cette obligation qui l'enchaînait au sol s'est changée en de simples redevances ; comment, en un mot, s'est créée la commune du moyen âge, et, par elle, la liberté moderne. Ainsi, en suivant le progrès du peuple dans les États formés des ruines de l'empire d'Occident, on voit l'esclave passer de la servitude au servage, du servage à la mainmorte, et de la mainmorte à la liberté. « Dans l'origine, dit M. Guérard, qui a si nettement aperçu cette transition des choses et des personnes, il ne possède que sa vie, et encore ne la possède-t-il que d'une manière précaire; c'est moins le pouvoir public que l'intérêt privé, moins la loi que la charité ou la pitié qui la lui garantissent : garantie insuffisante, bien faible pour des siècles aussi cruels. Puis, l'esclave devient colon ou fermier; il cultive, il travaille pour son compte, moyennant des redevances et des services déterminés; au demeurant, il pourra, en cédant une partie de ses revenus, de son temps et de ses forces, jouir du reste à sa guise et nourrir sa famille avec une certaine sécurité, autant qu'on en peut trouver dans les temps de troubles et de guerre; mais enfin, son champ ne lui sera pas enlevé, ou plutôt il ne sera plus enlevé à son champ, auquel lui et ses descendants appartiendront à perpétuité. Ensuite le fermier se change en propriétaire, ce qu'il possède est à lui, à l'exception de quelques obligations ou charges qu'il supporte encore, et qui deviendront de plus en plus légères; il use et jouit en maître, achetant, vendant comme il lui plaît, et allant où il veut. Entré dans la commune, il est bientôt admis dans l'assemblée de la province, et de là aux États du royaume. Telle est donc la destinée du peuple dans la société moderne : il commence par la servitude et finit par la souveraineté. » (T. I, p. 210.)

Ailleurs M. Guérard institue entre les efforts des

peuples anciens pour assurer leur liberté et ceux des
populations du moyen âge, une comparaison qui, bien
qu’elle ne soit pas de tous points équitable, caractérise cependant la situation. « Il y a une grande différence, dit-il, entre la révolte des citoyens libres de
l’antiquité et le soulèvement des serfs et des mercenaires du moyen âge. L’amour de la liberté, de la
patrie est l’âme des premiers, la misère seule n’a que
trop suscité les seconds. Là on combattait surtout
pour les droits politiques, pour les droits du citoyen;
ici pour les droits naturels et la propriété. Dans la
plupart des plus anciennes chartes des communes,
les intérêts purement matériels sont les seuls sentis et
réclamés par les révoltés; pourvu qu’on obtienne de
vivre à l’abri des extorsions et des mauvais traitements, on fera bon marché du reste. Les traités ou
pactes des serfs avec les seigneurs sont des espèces
d’abonnements d’après lesquels les uns abandonnent
aux autres une part de leur avoir et de leur droit pour
mettre l’autre part en sûreté. Quant au côté politique
ou moral de leur cause, il n’est pas même aperçu. A
l’origine des communes, les prérogatives de la noblesse sont partout une chose sacrée, et les vilains
subissent de bon cœur des conditions qui nous paraî-
traient aujourd’hui dégradantes et qui sont autant de
témoignages du sentiment qu’ils avaient alors de l’inégalité de leurs droits, de leur infériorité sociale, on
pourrait presque dire de leur abjection en présence
de l’habitant du château. Il faut donc distinguer avec
soin les institutions municipales, qui remontent aux
Romains, des institutions communales, qui ne datent

que des successeurs de Hugues-Capet. Les premières sont vraiment romaines, et les secondes purement féodales. Les unes rappellent la cité, et les autres le fief. D'un côté, nous voyons des serfs émancipés, mais soumis à des obligations entachées d'une origine et d'un caractère serviles; de l'autre, des citoyens libres ne supportant pas d'autres charges que celles de l'État, et ne devant pas d'autres services que des services publics. » (T. I, p. 207.)

La comparaison établie par M. Guérard est fort juste dans l'exposition des différences, mais pèche néanmoins par un côté. En effet, dans l'organisation dont il s'agit, ce n'est pas le moyen âge qui est inférieur à l'antiquité, c'est l'antiquité qui est inférieure au moyen âge. Sans doute, les sociétés aristocratiques d'Athènes, de Sparte ou de Rome, où les droits du citoyen n'appartenaient qu'à une petite portion d'habitants, et où le plus grand nombre étaient ou ilotes ou esclaves, avaient quelque chose de plus fier et de plus grand que ces pauvres communes qui rachetaient à prix d'argent ou conquéraient par l'insurrection leur liberté. Mais le problème social qui se résolvait alors était d'une bien plus grande portée politique : il s'agissait de faire entrer les dernières classes, les classes serviles dans la jouissance de ces droits qui, dans l'antiquité, étaient l'apanage exclusif d'une aristocratie. Aristocratie est, en effet, le nom de toutes les républiques antiques, même des plus démocratiques. « Qu'aurait dit votre grande âme, ô Fabricius! » s'écrie Rousseau dans un morceau célèbre où il vante les vertus de l'antiquité. On peut présenter aujourd'hui cette prosopopée d'un côté plus véritable. Qu'auriez-vous dit, peuple d'Athènes! orgueilleux Spartiates! et vous, Romains, vainqueurs des nations, si vous aviez vu la société nivelée dans ce qui paraissait la plus importante de ses inégalités, l'esclave élevé au rang de citoyen, et Spartacus enfin délivré des chaînes qu'il avait si longtemps portées? Certainement, l'intérêt est grand, quand on entend Démosthène discuter les moyens de résister à Philippe ou les Gracques agiter le Forum, pour arracher aux patriciens de quoi faire vivre la plèbe romaine; mais l'intérêt est encore plus grand quand on voit la servitude s'effacer graduellement dans l'Occident. Il y a là toute la différence d'une question particulière à une question générale.

L'extinction de l'esclavage, l'établissement de la mainmorte et l'affranchissement des communes remplissent toute la période du moyen âge et lui donnent son caractère. Ces faits seraient bien plus clairement conçus par l'esprit, si l'on pouvait reconnaître qu'ils n'ont pas été fortuits, c'est-à-dire produits par des causes accidentelles; mais qu'ils ont été nécessaires, c'est-à-dire produits par des causes inhérentes à l'état de choses tel qu'il était alors. Il faut les examiner l'un après l'autre.

Une institution aussi enracinée, et, ce semblait, aussi nécessaire à l'entretien de la société que l'esclavage, n'a pu périr dans les faits qu'après avoir été attaquée dans les idées et dans les sentiments. Le christianisme fut l'agent déterminé de cette grande innovation. Or, sans remonter plus haut qu'il ne convient ici, je rappellerai que le christianisme naquit de l'union du monothéisme hébreu avec la philosophie grecque, et qu'il s'incorpora ce que celle-ci avait de plus élevé en notions morales et humaines ; et c'est par lui que cette phase de la civilisation occidentale se rattache aux temps antérieurs, et en est la conséquence. Il arma la conscience publique contre la possession du chrétien par le chrétien, du frère en religion par le frère ; et, sous son influence, les empereurs inscrivirent progressivement dans les lois de sérieuses dérogations au pouvoir des maîtres. Son avantage sur le paganisme fut de transformer l'ordre religieux en ordre spirituel, et d'ériger la prédication de la morale en une fonction régulière. La morale fut uniformément prêchée aux grands comme aux petits, aux maîtres comme aux esclaves. Dans cet enseignement, les esprits fléchirent, l'esclavage perdit son crédit ; et, quand l'institution du servage devint universelle, ce qui fut l'importante nouveauté de ces temps, elle se trouva d'abord préparée, puis affermie par son accord avec la doctrine de l'Église sur l'esclavage.

L'histoire n'est jamais si claire que quand les faits découlent des idées. C'est ainsi qu'après l'élaboration scientifique et métaphysique des deux derniers siècles, les idées s'insurgèrent contre la société chrétienne, comme jadis elles s'étaient insurgées contre la société païenne. L'ébranlement décisif est dû à la révolution française. Celle-ci eût pu sans doute se faire autrement, mais elle était inévitable ; elle pouvait être modifiée dans sa forme, elle ne pouvait être empêchée. Il

n'est pas impossible de croire que, si le petit-fils de
Louis XIV eût vécu et eût eu pour premier ministre
son précepteur Fénelon, les grandes catastrophes de
la fin du dix-huitième siècle auraient été évitées; du
moins, une sagesse prévoyante aurait dès lors mis la
France dans une voie de réformes et de mutations
pacifiques, au lieu de la dangereuse immobilité qui
prévalut. On assure que Louis XIV, après la mort de
son petit-fils, traita de chimériques les conceptions de
 archevêque de Cambrai. Ce qui était chimérique, et
l'événement l'a surabondamment démontré, c'était de
prétendre conserver une société vieillie et déjà battue
par le souffle impétueux des idées nouvelles. Mais ce
qui était admirable, c'était de voir un homme, à un
siècle de distance, prévoir des dangers, signaler des
remèdes, et un jeune prince prêter son appui intelligent à ces projets. Fénelon fut, dit-on, ambitieux;
sans doute, et c'est un honneur de plus pour sa mémoire. Heureuses les nations quand l'ambition pénètre dans le cœur d'hommes chez qui les dons du
génie sont égaux aux vertus morales! L'ambition
n'est que trop souvent le partage d'esprits sans portée
et sans valeur qui sont à la merci de tous les intérêts
particuliers faute de comprendre un seul intérêt général, et qui remanient à satiété les idées vieillies
faute d'avoir une idée qui soit à eux. Un seul point
fait craindre que le duc de Bourgogne et Fénelon
n'eussent pas été à la hauteur de la tâche qu'ils se
donnaient : l'ouverture du dix-huitième siècle an-
nonçait l'indépendance de la pensée; il fallait,
pour le régir et pour préparer les événements, des

princes et des ministres qui ne fussent pas serrés
dans les liens de la théologie; et peut-être la profonde dévotion du précepteur et de l'élève eût été, à
leur insu même, un obstacle et par conséquent un
danger.

Il n'est pas inutile de remarquer qu'au début du
moyen âge, l'esclavage tombant de lui-même et par
le propre développement de la société, les choses ont
pris un cours vraiment naturel en créant un intermédiaire qui fut le servage. Aucun degré n'a été conservé
lors de l'affranchissement des noirs dans les colonies;
mais, s'il en a été ainsi, c'est que la mère patrie,
intervenant avec une autorité supérieure, n'a pas
laissé les rapports s'arranger d'eux-mêmes, et les
a réglés d'après des idées logiques et préconçues.
Ces rapports ont tellement de force, qu'à Saint-Do-
mingue, bien que l'insurrection des noirs eût été victorieuse, bien que le pays fût travaillé par les idées
de liberté qui venaient de l'Europe, bien qu'enfin
le théâtre, étroit en comparaison de l'empire d'Occident, rendît par conséquent les combinaisons moins
nécessaires, néanmoins là aussi, c'est le servage qui
a succédé à l'esclavage. Toussaint-Louverture et Des-
saline l'avaient institué par la violence, et en 1826 il a
été régularisé sous le nom de code rural. Le principe de
ce code est l'obligation du travail agricole et l'inféo-
dation du travailleur au sol. Tout individu qui n'est pas
fonctionnaire public et qui ne justifie pas de moyens
de subsistance ou d'une profession soumise à la pa-
tente, est de droit attaché au travail de la terre sans
pouvoir en être distrait, hors le cas de danger immi-

nent, ni par le service militaire régulier, ni par
la loi de la milice. C'est un servage très-analogue
à celui du moyen âge, une condition fort semblable à celle des paysans européens sous la féodalité.

Quant au second événement capital du moyen âge,
l'établissement du servage, on démontre aussi qu'il est
le résultat des conditions antécédentes. Mais, comme il
tient à une question plus générale, celle du prolétariat,
il importe d'étendre la recherche au delà et en deçà du
moyen âge. Le prolétariat n'existe pas dans les sociétés sauvages ; là, à vrai dire, tout le monde est prolétaire ; mais il commence avec la civilisation, et il en
est la plus sérieuse difficulté. A l'aurore de l'histoire
classique, c'est-à-dire de l'histoire des Grecs et des
Romains, les États sont violemment troublés, il s'y
élève des tyrannies, c'est-à-dire que les prolétaires, la
plèbe, se donnent pour chef quelque homme habile et
résolu, capable d'abaisser les aristocrates, le patriciat.
Mais ces agitations trouvèrent un terme, et la société
se constitua ainsi : la terre fut partagée, tout citoyen
eut un lot ; le reste fut esclave. Entre le citoyen propriétaire foncier et l'esclave, le prolétaire avait disparu. Telle fut la première combinaison politique, à
nous connue, qui éteignit le prolétariat ; elle reposait
tout entière sur la conservation de la propriété entre
les mains du citoyen. Ce système, fort simple, fut
aisément praticable dans les petits États qui se parta-
geaient la Grèce et l'Italie.

Mais les conditions sociales ne tardèrent pas à opé-
rer ; et au bout d'un temps assez court ce système était

en pleine dissolution. Naturellement les riches étaient
devenus plus riches, et les pauvres étaient devenus
plus pauvres ; la propriété territoriale était sortie des
mains du plus grand nombre pour passer dans celles
du petit nombre ; et les citoyens ainsi dépouillés étaient
tombés au rang de prolétaires. Dans une société où
l'homme libre n'avait guère d'autre occupation que
l'agriculture et la guerre, le prolétaire ne comptait
plus pour ainsi dire. De là tant de plaintes des hommes
politiques sur la décadence des États, sur leur ap-
pauvrissement en citoyens actifs. Rome qui, à cet
égard, peut être considérée comme un résumé de
l'histoire antique, nous offre le spectacle de la
lutte la plus acharnée entre le patriciat et la plèbe
pour la possession de la terre. La plèbe vainquit sous
la conduite de ses tribuns ; mais, arrivée là, elle ne
sut que faire de sa victoire, et tout chavira dans
l'empire.

Les mêmes causes qui avaient rongé le petit
propriétaire dans les sociétés républicaines, le ron-
gèrent dans la société impériale. Cette absorption
devint assez frappante dès la fin du premier siècle de
l'ère chrétienne pour appeler l'attention d'un homme
éclairé, qui nous a transmis à cet égard ses inquiétudes.
« Les grands domaines, dit Pline, ont perdu l'Italie, déjà même ils perdent les provinces. » *Latifundia
perdidere Italiam, jam et provincias.* « Six propriétaires, ajoute-t-il, possédaient la moitié de l'Afrique,
lorsque Néron les mit à mort. » On le voit, tout mar-
chait à la dépossession des petits propriétaires et à la
concentration de la propriété entre peu de mains. Où,

en effet, aurait été l'obstacle capable d'arrêter ce mouvement?

Donc, au moment de l'invasion des barbares, le prolétariat avait fait de grands progrès. Sur l'échelle de l'empire romain, il échappait à toutes les combinaisons politiques, et les législateurs qui l'avaient conjuré dans les petites républiques auraient été complétement impuissants à résoudre un aussi vaste problème. D'ailleurs une condition nouvelle surgissait qui le compliquait encore, à savoir, l'abolition graduelle de l'esclavage. La force des choses trancha la difficulté : suivant l'expression technique, on *se recommanda*, on *se fit l'homme de quelqu'un*. Le comte, le duc, l'évêque, l'abbé relevèrent du roi ou de l'empereur, les vassaux inférieurs des vassaux supérieurs, et ainsi de suite jusqu'aux serfs attachés à la glèbe. Le citoyen libre de l'antiquité avait disparu, l'esclave aussi ; la féodalité était constituée, et le servage établi. Telle fut la seconde combinaison politique qui remédia au prolétariat.

Sous ce régime, l'Occident eut son lot de prospérité. Les écoles furent actives ; l'agriculture et l'industrie se développèrent ; les villes s'enrichirent, et vint un moment où les communes réclamèrent la liberté et l'obtinrent, soit en l'achetant à prix d'argent, soit en l'arrachant par la violence. Ce mouvement de liberté ne s'arrêta plus ; et, à la fin du moyen âge, il ne restait plus que quelques serfs en des points isolés. L'esclavage antique n'avait pu reparaître ; le servage avait disparu, et l'ère moderne s'ouvrait dans sa plénitude. Comment, à la vue d'un résultat social aussi éminent

et aussi décisif, ne pas reconnaître que le moyen âge
portait, en sa qualité d'héritier de l'antiquité gréco-
latine, des éléments de civilisation qui dépassaient la
force, la justice, l'humanité de cette antiquité d'ailleurs si justement admirée?

De nouveau le temps marcha. Le système catholico-féodal ayant été sapé par l'affranchissement des
communes, à mesure que la puissance lui échappa,
les immenses propriétés territoriales de la noblesse
et du clergé passèrent, par un écoulement continu, entre les mains des vilains. Où sont aujourd'hui
les quatre ou cinq cent mille hectares que possédait
l'abbaye de Saint-Germain? Enfin la France (car c'est
elle qui tient ici la tête du mouvement politique) a
fait la dernière distribution des propriétés féodales et
sacerdotales lors de ce grand phénomène historique
qu'on appelle la Révolution.

A ce terme, qui est le nôtre, le prolétariat recom-
mence à se faire sentir, non plus, il est vrai, par la
concentration de la propriété territoriale, mais par
l'effet du capital. Quand on a dit que nous étions me-
nacés d'une féodalité industrielle, on a dit un mot qui
caractérise, dans une certaine mesure, la situation. Il
s'agit donc aujourd'hui de trouver une combinaison
qui, pour la troisième fois, remédie au mal du prolétariat. Le prolétaire ne peut pas être esclave comme dans
l'antiquité, ni serf comme dans le moyen âge ; il faut
qu'il soit libre, qu'il ait le vivre assuré, qu'il ne suc-
combe pas sous le faix de l'exploitation, qu'il ait sa
part dans l'éducation et dans les jouissances de la vie
civilisée. A ces conditions, il ne refuse pas le travail,

et il a raison, car le travail est ce qu'il y a de meilleur
pour l'homme.

M. Guérard, tout en signalant avec une rectitude
parfaite l'immense progrès accompli dans l'état social,
n'a pu se défendre entièrement de l'opinion, si longtemps prévalante et non encore éteinte absolument,
qui attribue à l'antiquité toute supériorité sur les modernes. Ce préjugé, qui suscita une vive querelle dans
le dix-septième siècle, et en vertu duquel on s'indigna
que Descartes, Corneille, Racine pussent être com-
parés aux grands hommes des temps anciens, permettait encore bien moins que le moyen âge fût mis
en parallèle. Cependant, dussé-je choquer bien des
idées qui sont reçues, je n'hésiterai pas à dire que non-
seulement il n'est pas une époque de barbarie, mais encore que, tout compensé, il a sa pleine valeur à côté de
l'antiquité. Et vraiment il faut une singulière préoccupation pour taxer de barbarie, par comparaison avec
cette même antiquité, un temps qui introduisit l'usage
de la poudre à canon, de la boussole, de la numération
décimale, de l'eau-de-vie, du sucre, du papier, de puissants acides, qui, par la conquête ou par ses voyageurs,
pénétra au loin dans le Septentrion, au loin dans
l'Orient, vers la Chine et la Tartarie, dont les écoles
présentèrent dans toute l'Europe et surtout à Paris un
mouvement et une ardeur sans exemple, et qui, par les
opiniâtres recherches de l'alchimie, préluda à la chimie
véritable; un temps enfin de grande activité intellectuelle, auquel on ne s'étonne pas, quand on l'a bien
étudié, de voir succéder l'ère moderne, si féconde et
si brillante. Que si l'on objecte la splendeur des arts

qui font la gloire immortelle de l'antiquité classique,
il faudra répondre que le moyen âge n'a pas été non
plus déshérité à cet égard ; qu'il a enfanté les
langues modernes avec leur génie, les trouvères, les
troubadours, et l'œuvre admirable de Dante ; que
l'architecture lui doit un nombre infini de monuments d'un caractère tout nouveau ; et que c'est
lui qui a changé et agrandi la musique, en créant
l'harmonie. Comme, à mesure qu'il avançait, les
germes qu'il renfermait mûrissaient et arrivaient à
terme, il s'est terminé par trois découvertes capitales, l'imprimerie, le passage du Cap et l'Amérique.

Dans le mot *renaissance,* dont on se sert pour
désigner l'étude érudite du grec et du latin, est
impliqué tout le préjugé qui a pesé sur le moyen
âge. C'était, pensait-on, renaître à la civilisation
que de remonter vers l'antiquité. Pourtant, tout,
état social, sciences, industrie, géographie, arts,
tout, dis-je, portait le caractère du moyen âge ; et,
malgré l'admiration pour l'antiquité, il fallut bien garder la poudre à canon, la boussole, le papier et tant
d'autres perfectionnements qui lui avaient été étrangers. Le moyen âge, transition aux temps modernes,
est, par plus d'un côté, supérieur aux temps qui
l'ont précédé ; et, pour en revenir au sujet qui nous
a occupés, il l'est particulièrement dans l'état social :
abolissant graduellement l'esclavage antique et pré-
parant la complète indépendance des individus. On
étudie avec une vraie satisfaction, dans le livre de
M. Guérard, la fusion commençante des éléments

sociaux, et on reconnaît qu'un document aussi aride que le polyptyque de l'abbé Irminon devient une intéressante lecture. Le but véritable de l'érudition est de fournir des matériaux à la science de l'histoire; mieux ils sont élaborés, plus l'érudition a mérité de louanges.

IV

LA SCIENCE EN OCCIDENT AVANT L'INTRODUCTION DES LIVRES ARABES.

Sommaire. — On sait quel fut l'état des choses en Occident après la chute de l'empire romain. L'empire d'Orient, séparé par la langue, par les institutions et par le schisme, n'eut plus guère de communications avec les Latins. Le grec cessa d'être étudié et compris ; et par là se ferma la connaissance d'une importante partie de l'antiquité, la partie même qui était indispensable à la reprise du mouvement ascensionnel de la civilisation. D'autre part, la tradition latine se réduisit elle-même beaucoup ; les livres ou se perdirent ou devinrent rares ; et bientôt on ne resta plus en rapport avec l'ancienne Rome intellectuelle que par des canaux étroits et obstrués qui ne laissaient arriver qu'un mince filet d'instruction et de savoir. C'est dans cette situation que les nations barbaro-latines, auxquelles la Germanie fut bientôt jointe par la conquête de Charlemagne, entreprirent, pressées par leurs souvenirs et par les nécessités religieuses et sociales, de refaire leur éducation que la barbarie envahissante avait tant compromise. Pour cela elles trouvèrent en langue latine un certain nombre de traductions et d'extraits de livres grecs que des hommes studieux avaient préparés alors qu'on savait encore le grec ; elles en firent leur rudiment pendant cinq siècles, n'ajoutant guère, mais ne perdant rien et s'exerçant courageusement à apprendre. Cette persévérance fut récompensée. En effet, pendant ce temps-là, les Arabes s'éprenaient des sciences grecques, traduisaient en leur langue des traductions syriaques et jetaient un vif éclat dans le monde. L'Occident traduisit à son tour ces traductions qui lui furent apportées, et, préparé comme il l'était déjà, il entra de plainpied dans l'étude de la science grecque arabisée. Ce fut une demi-renaissance telle qu'elle pouvait être au onzième siècle, mais demi-renaissance effective, qui porta l'Occident à un plus haut degré de savoir et de culture, et le prépara à de nouveaux développements. C'est là ce qui distingue essentiellement la civilisation occidentale de la civilisation arabe ; pour celle-là tout progrès fut un instrument de progrès futur ; pour celle-ci le progrès ne put se transmettre ; elle brilla un moment et s'éteignit. Les pages qu'on va lire montreut

16

comment les choses se passèrent pour la médecine ; on peut dire qu'elles se passèrent de même pour les mathématiques et pour l'astronomie, ensemble scientifique qui formait la solide assise donnée par les Grecs au savoir humain et dont il était essentiel que la tradition ne se rompît pas. Quant aux sciences ultérieures, inconnues aux Grecs ou simplement ébauchées par eux, physique, chimie, biologie, sociologie, elles devaient éclore au fur et à mesure, alors que l'Occident se serait remis au courant de tout le savoir grec.

I. — *Recherches sur la médecine au début du moyen âge*
(du sixième au onzième siècle)[1].

Ceux qui se sont occupés de l'histoire des sciences ont nécessairement remarqué que, de l'époque où l'empire romain s'écroula jusqu'au onzième siècle, la médecine paraît n'avoir été l'objet d'aucune culture dans l'Occident. La lacune est manifeste. Nul livre médical qui porte la date d'un de ces siècles et qui soit d'origine latine n'est entre nos mains. La série des médecins latins, d'ailleurs peu nombreuse, est close dans le quatrième ou le cinquième siècle par quelques compilateurs très-médiocres, tels que Octavius Horatianus, Sextus Placitus, Marcellus Empiricus. Puis vient cette longue suite d'années sans un nom qui soit transmis, sans une école qui enseigne, sans un livre qui témoigne de l'entretien de la science. Cette mort apparente, cette interruption de toute tradition, cette solution de continuité dans l'enchaînement des choses, sont, au onzième siècle, subitement remplacées par une importation qui change tout. La médecine arabe fait irruption au milieu des Latins ; et, comme si les esprits n'avaient pas langui dans la torpeur, comme

1. *Journal des Débats*, 16 janvier 1858.

si une préparation antécédente avait existé, comme si quelque goût et quelque intérêt étaient demeurés pour ce genre d'études, Honain, Alchindi, Rhazès et bien d'autres prennent possession de l'enseignement parmi les Occidentaux. On les traduit, on les commente; des écoles célèbres s'établissent, Salerne et Montpellier; les Roger, les Gilles de Corbeil écrivent; et la médecine du milieu du moyen âge, dès lors fondée, poursuit son développement jusqu'à la renaissance, où de nouvelles conditions l'attendent. Mais reste toujours cette période obscure sous les Mérovingiens et les Carlovingiens, ce grand vide qui rend inexplicable la subite fortune des livres arabes chez les Latins; car, si tout avait été éteint, si aucun foyer n'avait persisté, comment cette science étrangère aurait-elle aussitôt prospéré? Évidemment, les gens qui l'accueillirent si bien étaient tout préparés par leurs études à en recevoir l'influence. C'est en effet ce que démontre M. Daremberg, grâce à d'heureuses trouvailles faites dans les bibliothèques d'Europe qu'il a tant parcourues, et à une érudition pénétrante qui sait rapprocher, comparer et reconstruire.

Rechercher la filiation des faits aussi bien dans l'ordre scientifique que dans l'ordre politique n'est point d'une curiosité oiseuse. La médecine, née de l'instinct qui s'efforce de se soustraire à la douleur et à la mort, est de toute antiquité chez les hommes; elle était présente à la guerre de Troie, et déjà assez manifeste pour que le grand poëte de l'âge héroïque ait égalé au service de plusieurs hommes le service du médecin, *qui sait retirer les dards et appliquer les médi-*

caments salutaires. D'abord elle fut nécessairement empirique; on ignorait également et ce qu'était une maladie et ce qu'était un remède; quelle voie la nature (nature signifie ici l'ensemble des conditions d'existence) prenait pour pervertir un organe et une fonction et créer le mal et la douleur, et quelle voie, quand le mieux s'établissait, elle prenait pour retourner au point de départ, à l'intégrité de l'organe, à la restauration complète. Qu'on pût l'aider, cela était évident, ne fût-ce qu'en retirant la flèche enfoncée dans les chairs, en tenant bout à bout les os fracturés d'un membre, ou en frottant de neige ou d'eau à la glace une partie menacée de congélation que la chaleur du feu, trop promptement recherchée, aurait fait tomber en gangrène. Mais qu'étaient ces germes et que pouvaient ces notions dans les cas plus complexes et quand le corps, en proie au mouvement rapide de la fièvre, brûlant d'une chaleur malfaisante, tourmenté d'une agitation pénible, gêné dans sa respiration, palpitant comme si une émotion soudaine faisait battre le cœur, se fondant en des flots de sueur, versant à bouillons le sang, se gonflant par l'afflux de liquides, témoignait de la gravité des lésions reculées loin des yeux? Il vint un moment où, appuyé sur l'empirisme primordial, l'esprit humain voulut aller derrière les phénomènes : il s'enquit des procédés par lesquels la santé se troublait ou se rétablissait. Car, dans le corps vivant, tout est procédé pour le mal comme pour le bien; tout a ses voies et moyens. Les déterminer et les suivre, c'est l'affaire de la science; mais la complexité en est infinie, ce qui rend, pour me servir des paroles d'Hippocrate, l'occasion si fugitive, le jugement si difficile et l'expérience si fallacieuse. Le grave enseignement que donnent la maladie et la mort, cette saveur amère que le médecin grec avait éprouvée près du chevet des lits et parmi les souffrances d'autrui, et dont il a consigné le poignant souvenir dans un de ses livres, lui avaient fait profondément sentir et dignement exprimer une vérité qui n'était pour lui qu'une intuition, mais que les recherches successives ont mises dans toute sa clarté. Ces ruisseaux qui circulent dans le corps, ces filets qui transmettent incessamment la sensation et la volonté, ces organes qui, consacrés à un office, concourent cependant à l'entretien de l'ensemble, cette pompe aspirante et foulante qui n'interrompt jamais son service, cette introduction perpétuelle de l'air ambiant, ce jeu de composition et de décomposition qui constitue la nutrition, ces mailles qui s'entrecroisent, cette trame à laquelle on ne peut toucher en un seul point sans que les autres points frémissent, expliquent suffisamment pourquoi l'expérience est fallacieuse, le jugement difficile et l'occasion fugitive.

On ne fut pas longtemps occupé à étudier comment se comportaient le mal et le remède sans s'apercevoir que tout cela dépendait de notions spéculatives qui étaient par derrière les phénomènes de la maladie. La maladie en effet n'est qu'un trouble de l'organisme supposé sain, une perversion des propriétés vivantes et des fonctions qui en dérivent. Elle est donc quelque chose de plus compliqué encore que l'état déjà si compliqué qui fait la santé ; de sorte que les hommes, en commençant par la médecine, commencèrent réellement par le cas le plus difficile dans l'étude des corps vivants. Pourtant il n'en pouvait être autrement ; car, au début des efforts intellectuels, ce qui les suscitait c'était non l'attrait encore si faible de la vérité abstraite, mais l'impulsion impérieuse des besoins. Le cours du temps a rectifié cette position désavantageuse ; on a cessé d'aller de l'étude de la maladie à l'étude de la santé ; on est allé de l'étude de la santé à l'étude de la maladie. Par la pathologie, la médecine est devenue une branche de la science des corps organisés, et elle est demeurée un art par l'application qu'elle fait des connaissances théoriques. Mais la grande science qu'elle contenait en germe, celle qui considère les lois générales de la vie dans l'ensemble des êtres, depuis le végétal le plus simple jusqu'à l'homme, s'est développée et se développe toujours, non sans produire sur la raison collective les effets proportionnés à son extrême importance, non sans modifier les vues de l'esprit sur le monde et sur l'enchaînement des choses, non sans contribuer pour sa part à ces lentes, mais profondes mutations qui déterminent les phases de la civilisation. C'est ainsi que la médecine et sa fille la biologie se rattachent étroitement à l'histoire générale considérée dans ce qu'elle a de plus efficace, de plus essentiel, de plus intéressant.

Frappés de l'absence de tout renseignement au sujet de la culture de la médecine dans l'époque qui nous occupe ici, les Bénédictins, si érudits et si habitués à travailler d'après les manuscrits, disent dans leur discours sur l'état des lettres au huitième siècle (*Histoire littéraire de la France*, t. IV, page 26) : « A l'égard de la médecine, on apporte ordinairement pour raison de ce qu'elle fut alors négligée, que Charlemagne n'aimait ni n'estimait les médecins, qui cependant avaient été en si grand honneur sous les empereurs romains, ses prédécesseurs. Ce ne fut que sur la fin de ses jours que, sentant peut-être alors les infirmités de la vieillesse et comprenant que des hommes qui aiment la vie et la santé ne peuvent guère se passer de la médecine, il ordonna qu'on la ferait étudier de bonne heure aux jeunes gens. La même raison ne permit pas apparemment qu'on la négligeât absolument avant ce temps-là. Il y a des preuves que nos Français lisaient Pline l'Ancien, et ils pouvaient avoir aussi à leur usage les autres auteurs latins qui avaient écrit sur cette matière, particulièrement Eutrope, Ausone, Marcel, tous écrivains gaulois dont les écrits pouvaient subsister encore alors. »

C'eût été une pauvre lecture pour la médecine que celle de Pline l'Ancien. Cet auteur, dont je ne veux en aucune façon amoindrir les mérites et dont le livre est une mine inépuisable de documents pour l'érudit, n'est pourtant ni un naturaliste, ni un astronome, ni un agriculteur, ni un géographe, ni un artiste, ni un médecin, bien qu'il ait embrassé dans son œuvre si vaste une multitude de notions sur l'histoire naturelle, sur l'astronomie, sur l'agriculture, sur les arts, sur la médecine ; on peut y prendre des renseignements, non un enseignement. Le fait est que *nos Français* (pour me servir de l'expression des Béné-

dictins, bien qu’il n’y eût pas encore de Français : ils
ne commencent qu’un peu plus tard, alors que les
langues romanes se distinguent positivement du latin), nos Français et aussi les autres Latins avaient
de meilleures sources d’instruction médicale que la
très-insuffisante compilation de Pline l’Ancien. Ces
sources, M. Daremberg les a découvertes le premier.
Non-seulement, guidé par des connaissances pré-
cises sur l’histoire de la médecine, il a, dans les
bibliothèques, reconnu nombre de manuscrits médicaux appartenant aux huitième, neuvième, dixième et
onzième siècles, c’est-à-dire antérieurs à l’invasion de
la science arabe; mais encore, sachant faire un ensemble de ce qu’il rencontrait ainsi épars, il s’est con-
vaincu que ces ouvrages, dont aucun n’avait encore
été reproduit par l’impression, représentaient la tradition et l’enseignement de la médecine dans ces
temps que jusque-là on avait regardés comme absolument dépourvus.

Quand je dis qu’aucun n’avait été reproduit par
’impression, je me trompe : deux ont été déjà im-
primés, mais sans que l’on soupçonnât qu’ils appar-
tinssent au cycle dont il s’agit. L’un d’eux est Escu-
lapius, abréviateur, qui mérite plus d’attention qu’on
ne lui en a accordé; l’autre est un auteur qui jouit
d’un juste renom, que l’on lit avec intérêt pour la
description des maladies et de leur traitement, et que
l’on consulte avec fruit sur les opinions et les procédés des plus anciens médecins : je veux parler de
Cælius Aurelianus. A la vérité, ce n’est qu’un traducteur, mais il nous a conservé par sa traduction une

portion de l'œuvre d'un des plus savants médecins de la Grèce, Soranus. Ce qui ajoute au prix qu'il a pour nous, c'est que Soranus ne manque pas, ayant un goût véritable pour l'histoire de l'art, de résumer sur chaque sujet les recherches de ses principaux prédécesseurs. La latinité de cette traduction de Cœlius Aurelianus est barbare, ce qu'on attribuait à sa qualité d'Africain; car le manuscrit unique sur lequel a été donnée l'édition le nomme *Siccensis*, qu'on a traduit *de Sicca*, en Numidie. Mais je ne doute pas (cela du moins résulte des recherches de M. Daremberg) qu'il n'y ait une faute de copiste; Cœlius Aurelianus n'est point Africain, il n'appartient point au deuxième siècle de l'ère chrétienne; il est beaucoup plus moderne et il faut le faire descendre probablement jusqu'aux environs du sixième siècle. Sa latinité a le caractère non de l'Afrique, où l'on pouvait écrire correctement, témoin Tertullien, mais de l'époque de décadence qui est le prélude du moyen âge. Il rentre tout à fait, pour la forme et pour le style, dans ces nombreux documents que M. Daremberg a signalés comme antérieurs à la médecine arabe; et il est lui-même un des témoins, et un des meilleurs, de la culture médicale qui fut propre à l'intervalle entre la chute de l'empire et l'introduction de la science orientale.

Pour le fond il n'y rentre pas moins. Il appartient en effet à la secte des médecins méthodiques, puisqu'il est le traducteur de Soranus, un des plus éminents de cette secte; or, et ce n'est pas un des moins curieux résultats des investigations de M. Daremberg, d'avoir montré que bon nombre de ces livres anté-arabiques émanent de l'école méthodique. L'école méthodique a joué un assez grand rôle, plus grand même qu'il ne lui a été attribué par les historiens de la médecine. En effet l'opinion a prévalu que Galien, rejetant de bonne heure dans l'ombre ceux qui l'avaient précédé, régna seul, et que la médecine ne connut plus d'autre doctrine que la sienne. Il n'en fut pas ainsi, et l'ascendant définitif et absolu de Galien ne commence qu'aux Arabes. Déjà on peut voir par Oribase que, environ un siècle et demi après le médecin de Pergame, une autorité exclusive n'était pas attachée à son nom. Cela se connaît encore mieux par le succès de l'école méthodique dans les premiers temps qui suivirent l'entrée des barbares; pour qu'on se soit adressé aux méthodiques, il faut bien que leur crédit n'eût pas été absorbé dans l'immense crédit qui fut plus tard le partage de Galien. Et, de fait, s'y être attaché ne peut pas être compté comme un tort de cette époque. Une bonne description des maladies, une discussion judicieuse des traitements, voilà leur mérite, et ce mérite fut senti par ceux qui alors les prirent pour guides.

Ce n'est pas que l'école méthodique n'ait eu son système. De très bonne heure l'antiquité se demanda : Qu'est-ce que la maladie? A cette question, les méthodiques répondaient que, la santé consistant dans la laxité et le resserrement des parties, la maladie survenait quand ces qualités étaient troublées. Galien, au contraire, coordonnant les idées émises par les hippocratiques, attribuait la santé au tempérament des quatre humeurs radicales, le sang, la bile,

l'atrabile et le phlegme, et la maladie au dérangement
de ce juste mélange. Ces deux hypothèses n'étaient
pas les seules, et elles furent suivies de bien d'autres
quand la physique et la chimie vinrent fournir de
nouveaux éléments aux conceptions médicales. Je n'ai
nullement l'intention de m'engager dans cette histoire; seulement je remarquerai que les suppositions
antiques sur la laxité et le resserrement et sur le mélange des humeurs sont des suppositions physiques et
chimiques comme celles qui plus tard essayèrent d'expliquer les maladies par l'électricité ou par l'oxygène
et l'hydrogène; qu'elles n'en diffèrent que parce qu'elles
appartiennent à une physique et à une chimie rudi-
mentaires; que les unes et les autres laissent en dehors la vie elle-même, et, à ce titre, ne sont que préparatoires, quand bien même les opinions modernes s'appuieraient sur la physique la plus savante,
sur la chimie la plus subtile. Je remarquerai enfin
que, sortant de ces limbes galéniques ou méthodiques, physiques ou chimiques, et arrivant sur son
vrai domaine, la médecine n'a plus de système et ne
peut plus en avoir, si l'on entend par système une
hypothèse plus ou moins ingénieuse sur la constitution des corps vivants. Les derniers travaux et les
discussions décisives qu'ils suscitèrent ont dissipé ces
fantômes. Maintenant il est établi que la maladie n'est
pas le trouble de la propriété de resserrement et de
relâchement suivant les méthodiques, de la crase des
humeurs suivant Galien, de l'irritabilité suivant Brown,
de l'irritation suivant Broussais, du fluide nerveux
suivant tel autre, conceptions qui ne représentent

plus rien à l'esprit contemporain et qui ne peuvent
désormais que figurer dans l'histoire des achemine-
ments de la science; mais elle est le trouble apporté
à l'action naturelle des parties vivantes considérées
en leur organisation et en leurs propriétés. Dans la
maladie, rien de nouveau que la cause qui la produit;
cette cause, quelle qu'elle soit, met en jeu les mêmes
ressorts que la santé; mais, comme elle est autre que
les causes qui entretiennent la régularité des fonctions, elle provoque nécessairement une action irré-
gulière qui est la maladie, mais qui, à son tour, est
limitée dans sa marche par le rapport entre la nature
de la cause morbifique, les propriétés des parties vivantes et, si la médecine intervient, les vertus des
remèdes. La médecine repose donc essentiellement
sur la connaissance exacte de l'état de santé; elle s'y
subordonne.

Maintenant faisons-nous, avec l'aide de M. Daremberg, une idée de cette médecine latine des siècles
anté-arabiques. Hippocrate y figure. Les documents
que nous possédons ne donnent pas la preuve que la
collection hippocratique ait été traduite tout entière
en latin, bien que cela soit probable. Du moins plusieurs traités nous restent dont la latinité témoigne
suffisamment qu'ils ont été traduits à une époque où
la langue latine entrait dans la barbarie. On sait que
ce qu'on nomme œuvres d'Hippocrate est une réunion d'ouvrages qui émanent de mains différentes,
mais qui appartiennent à une haute antiquité, le quatrième et le cinquième siècle avant l'ère chrétienne;
on sait que rien de plus ancien ne nous est parvenu

en fait de livres médicaux ; on sait enfin qu'ils ont été
lus, commentés, enseignés par les médecins les plus
éminents depuis ceux d'Alexandrie, sous les Ptolé-
mées, jusqu'à Galien, sous Marc-Aurèle. La médecine
barbaro-latine (qu'on me permette cette expression
pour désigner une époque caractérisée par l'immixtion violente des barbares parmi les Latins) ne négli-
gea pas ce grand nom. Nous ne sommes plus au
temps où Pline disait des médecins latins que, quand
il y en avait, ce qui n'était pas commun, ils aban-
donnaient leur nationalité pour se faire grecs (*statim
transfugæ ad Græcos*). Mais, à l'époque dont il
s'agit, le grec est peu connu ; les médecins non-seulement n'écrivent plus en grec, mais ils n'entendent
plus cette langue, et ils ont besoin qu'on leur en tra-
duise les principaux ouvrages. Jadis tout ce qui était
lettré à Rome savait le grec ; maintenant la latinité
devient de jour en jour davantage étrangère à la
Grèce, si ce n'est par ce faible lien des traductions
barbaro-latines. Je citerai, parmi les ouvrages d'Hippocrate ainsi mis en latin : le traité des *Airs, des
Eaux et des Lieux*, ce beau livre où est esquissée
pour la première fois la doctrine de l'influence du
climat et du sol sur les populations ; le *Pronostic*, qui
retrace, dans un ensemble bien conçu, les commu-
nautés des affections aiguës quant aux signes et aux
solutions ; le traité du *Régime dans les maladies
aiguës*, où Hippocrate critique les livres et les prati-
ciens de son temps ; enfin un ouvrage, *le livre des
Semaines*, que je ne mentionnerais pas si cette traduction n'était pas celle d'un texte qui n'existe plus

en grec. Je m'en servis dans le temps pour réparer une perte qui semblait irréparable; mais je n'aperçus pas le lien que ces vieux documents avaient entre eux; cela était réservé à M. Daremberg.

Il est probable que les écrits de médecins, postérieurs à Hippocrate, mais fort anciens pourtant, tels que Dioclès, Hérophile, Erasistrate, avaient péri ou étaient sur le point de disparaître; du moins ils ne figurent pas parmi ces traductions barbaro-latines. Mais on y trouve Dioscoride, qui est le principal auteur de l'antiquité pour la botanique et la matière médicale; un abrégé du *Traité des maladies des femmes*, de Soranus, mis d'ordinaire sous le nom de Moschion; des morceaux de Rufus, qui écrivit beaucoup et eut une grande réputation; des fragments d'Héliodore, chirurgien célèbre qui vécut sous Trajan et dont Juvénal fait mention. Ceux-là sont avant Galien. De Galien lui-même, quelques traités seulement, et non des plus importants, ont été traduits alors, et il ne tient pas la place, à beaucoup près, qui plus tard lui fut acquise. Après Galien arrive le grand compilateur Oribase, le médecin de l'empereur Julien. Sa vaste collection connue sous le nom de *Synagogues* avait été traduite en latin; on en est sûr par quelques lambeaux rencontrés dans les manuscrits; quant à l'abrégé qu'il en avait fait et qui est intitulé *Synopsis,* nous en possédons des manuscrits latins qui remontent aux septième et huitième siècles.

Le travail de ces temps ne se borna pas aux traductions. Les médecins rédigèrent des cours qui embrassaient l'explication de certains écrits d'Hippocrate et de Galien (M. Daremberg cite particulièrement un commentaire du septième siècle sur le traité *des Sectes* et sur le *Petit Art*); ils composèrent des sommes pour l'étude et la pratique, des traités de botanique et de pharmacologie, des livres de médecine et de chirurgie, entre autres un qui, d'après M. Daremberg, atteste beaucoup d'érudition et une connaissance étendue du grec. L'anatomie ne leur était pas restée étrangère; ils ont laissé des écrits sur cette science. De sorte que cet intervalle, qui paraissait un blanc dans l'histoire, a été réellement laborieux et utilement occupé. Il a, et c'est, dans l'état des choses, tout ce qu'il pouvait faire, entretenu la culture et continué la tradition. Qui aurait droit de lui demander davantage au milieu de l'écroulement de l'empire, de l'établissement des barbares, de la fondation de nouveaux royaumes?

Ce travail se poursuivait non sans fruit; un médecin du onzième siècle, Gariopontus, le résumait, résumé qu'on s'étonnerait de voir empreint de l'esprit de la secte méthodique, si M. Daremberg ne nous avait appris qu'en effet la secte méthodique avait inspiré toute la période antécédente; en un mot, la médecine, dans l'Occident, se développait sur elle-même, quand survint tout à coup l'invasion d'une science étrangère plus étendue et plus complète. Les livres arabes ou plutôt les livres grecs traduits, commentés, développés par les Arabes, chassèrent devant eux ces premiers essais et restèrent maîtres de l'école. Quand Constantin, surnommé l'Africain, eut apporté à Salerne les traités orientaux, Salerne, toute latine qu'elle était, devint arabisante; et c'est alors que Galien prit dans la médecine l'empire qu'eut Aristote dans la philosophie , les Arabes ayant traduit Galien et suivi sa doctrine dans des encyclopédies qui devinrent classiques. C'est un fait curieux et important dans l'histoire que cet accueil fait à la science grecque sous le costume arabe; sorte de renaissance anticipée, prélude à la grande renaissance du quinzième siècle qui réunit définitivement ces deux parties d'un même développement, l'antiquité grecque et l'âge moderne. On ne peut s'en faire une idée qu'à l'aide d'une théorie historique qui tienne le fil de l'évolution. Que cherchaient les Occidentaux dans la science gréco-arabe? Quelle est leur position relative dans la série? Y a-t-il lieu d'acquiescer sans amendement à l'imputation de barbarie qui a pesé sur eux? Et si on ne le doit pas, quel est le départ à faire et où poser la limite?

Rome, si semblable dans l'origine aux cités grecques par ses rois, par sa république, sa plèbe et ses patriciens, Rome suit une évolution toute différente; et dans sa période primitive, à côté des Hellènes, elle paraît grossière, rustique, barbare; c'est qu'en effet elle n'a alors ni poëtes, ni écrivains, ni artistes, ni savants qui vaillent la peine d'être nommés. Et pourtant ce peuple, ainsi dénué de ce côté, mène à bien le plus vaste système de conquête qu'on ait jamais vu, régit prudemment les peuples vaincus, conduit avec une habileté merveilleuse la lutte entre la plèbe et l'aristocratie, et jette les fondements de ce droit qui fait l'admiration du monde. Rome l'emportait autant sur la Grèce par le génie de la politique que la Grèce l'emportait sur Rome par le génie des arts, des lettres et des sciences.

Les Occidentaux eurent, comme Rome, leur œuvre. Et leur tâche ne fut pas petite. Elle était accomplie vers les dixième et onzième siècles, ainsi que le prouve la grande opération des croisades, point culminant du régime commun : à ce point, en effet, l'unité catholico-féodale était devenue plus solide et plus puissante que ne fut l'unité romaine. Comparons donc l'Occident latin à l'antiquité comme nous avons comparé Rome à la Grèce, et une différence du même genre apparaîtra. La religion transformée, la puissance spirituelle fondée et jalousement séparée de l'autorité temporelle, l'éducation religieuse donnée à tous les membres de la communauté, l'esclavage aboli en vertu d'une organisation qui servit de transition à la liberté définitive, les vertus domestiques fortifiées par l'ascendant plus grand que les mœurs attribuent aux femmes, tout cela constitue pour la religion, pour la morale et pour l'état social un niveau plus élevé que celui de l'antiquité. Mais à côté de cette supériorité était une infériorité manifeste quant aux arts, aux lettres et aux sciences. Je dis seulement infériorité, car dès lors naissait, avec les langues modernes, la poésie du moyen âge, dès lors s'élevaient les cathédrales. Cet art, malgré ses qualités, était encore trop loin des côtés supérieurs de l'art antique pour qu'il y eût tendance de l'un à se mettre sous la discipline de l'autre; mais, dans les sciences, grâce à la continuation de la tradition par ces obscurs savants dont M. Daremberg a révélé l'existence, tout était prêt. Les

Arabes apportaient les sciences grecques qu'ils cultivaient, sans les arts et les lettres grecques qui les
laissaient insensibles; ils furent les bienvenus. De là
ce demi-jour qui se leva sur l'Occident et le prépara
à ses destinées ultérieures.

Je conseille à M. Daremberg de faire un recueil des
pièces les plus importantes qu'il a exhumées d'un long
oubli : sommes qui montrent comment se comprenait l'enseignement de la médecine; traductions d'auteurs grecs perdus, par exemple les fragments d'Héliodore; traités par lesquels nous verrons de quelle
manière on puisait aux sources antiques. Le tout publié en se conformant scrupuleusement aux manuscrits; car, autant que j'en puis juger par les échantillons qui ont passé sous mes yeux, la langue a de
l'importance, étant un latin barbare sans doute, mais
qui devait être fort près de la langue vulgaire de ces
temps; le tout accompagné de notes et d'explications,
afin que le lecteur soit guidé en parcourant ce terrain
neuf pour tout le monde. Un recueil ainsi conduit ar-
riverait jusqu'au temps de l'invasion arabe et des
travaux de l'école salernitaine, travaux que l'on possède maintenant en grande partie dans une collection
due à la généreuse sollicitude d'un médecin napolitain, M. de Renzi, qui n'a épargné ni soins ni dépenses pour la mettre au jour, grâce aussi à M. Daremberg, qui a fourni d'amples contributions à l'œuvre
de M. de Renzi. Le recueil dont M. Daremberg a tous
les éléments serait un jalon essentiel dans la période
barbaro-latine. Il est probable que, si on fouillait
pour les mathématiques et pour l'astronomie les bi-

bliothèques comme il les a fouillées pour la médecine, on trouverait des traces témoignant que ces
deux sciences ont continué à être cultivées. De la
sorte, on verrait que dans ces siècles préparatoires,
tandis que la société religieuse et la société politique
se fondaient avec la condition d'incorporer les barbares, l'héritage scientifique de l'antiquité se transmettait, et que les sciences, comme un feu précieux
gardé sous la cendre, s'alimentaient, sans éclat, il
est vrai, mais sans risque de s'éteindre, prêtes, dès
que les circonstances deviendraient favorables, à donner flamme et chaleur. Si bien que, malgré les perturbations, malgré les ralentissements, et tout compensé, la civilisation suit son cours déterminé, et les
voies de l'histoire sont justifiées.

II. — *L'École de Salerne*[1].

Le *Régime de l'École de Salerne*, sorte de poëme
en vers latins techniques qui appartient à la plus mauvaise fabrique du moyen âge, sans quantité, sans mesure, et dont M. Meaux Saint-Marc a rendu la simplicité
sans l'incorrection; le *Régime de l'École de Salerne*,
remanié et amplifié successivement avant l'imprimerie, reproduit depuis l'imprimerie un nombre infini
de fois, ne manque d'intérêt ni pour l'érudit qui re-

1. *L'École de Salerne*, traduction en vers français par M. Ch.
Meaux Saint-Marc, avec le texte latin en regard, précédée d'une in-
troduction par M. le docteur Ch. Daremberg. Paris 1861; J.-B.
Baillière père et fils. — *Journal des Savants*, mai 1862.

cherche les anciens usages, ni pour le médecin qui
étudie l'enchaînement historique de son art, ni même
pour les gens du monde, qui y trouvent beaucoup de
bons préceptes sur l'hygiène courante. Pourtant cela
n'aurait pas suffi pour donner à cette publication une
place dans le *Journal des Savants*, si une introduction
pleine d'aperçus nouveaux et lumineux, s'engageant
dans les origines de l'école de Salerne, ne les avait
suivies jusqu'aux origines mêmes de la médecine dans
le haut moyen âge, c'est-à-dire avant l'époque où les
livres des Arabes, traduits pour l'Occident, introdui-
sirent de nouveaux éléments d'instruction.

Il est sur le bord de la mer, un peu au-dessous de
Naples, un lieu renommé par la beauté de son site,
par la salubrité de l'air et du sol. C'est là que fut l'antique école de Salerne. « Ce qui est désormais incon-
« testable, dit M. Daremberg, grâce aux savantes et
« judicieuses recherches de M. de Renzi, c'est que les
« archives du royaume de Naples nous fournissent
« des noms de médecins salernitains dès l'année 846 ;
« il est encore certain que les dextes des onzième et
« douzième siècles s'accordent à présenter l'école de
« Salerne comme fort ancienne ; de plus, ce titre
« même d'*École*, réservé, dans le langage du temps,
« à une réunion de savants chargés officiellement
« d'un enseignement, prouve qu'il ne s'agit pas de
« médecins isolés, mais bien d'un institut médical
« dont les membres prirent d'abord le titre de *maî-*
« *tres*, celui de *docteur* n'apparaissant qu'au trei-
« zième siècle, dans la *Chirurgie* de Roger[1]. Il ne

1. Depuis que ceci est écrit, M. Daremberg a trouvé le titre de

« serait pas impossible que Salerne, dont Horace
« vante déjà la salubrité, ait vu se former, à une
« époque très-voisine de la chute de l'empire romain,
« une véritable école médicale, où dominait l'élé-
« ment laïque, mais où le clergé tenait également
« une grande place, puisque nous y voyons figurer
« des évêques, des prêtres, de simples clercs. Si, de
« plus, on se rappelle l'importance que les lois bar-
« bares promulguées à cette époque donnent aux
« médecins et à la médecine, et si, d'un autre côté,
« on considère que, dans le code lombard, publié
« par l'illustre Troja, on trouve des médecins, dési-
« gnés par leurs noms, pour un grand nombre de
« villes d'Italie, l'existence et la réputation spéciale,
« à une époque reculée, de l'école de Salerne, ne se-
« ront plus un fait isolé dans l'histoire littéraire. »
(P. XXVI.)

Ainsi, dès le neuvième siècle, des documents au-
thentiques signalent des médecins salernitains. Dans
une époque presque aussi ancienne, un manuscrit
latin d'Oribase porte sur un de ses feuillets, en écriture du dixième siècle, le nom d'un certain Amandus,
si mes souvenirs ne me trompent, qui était de la ville
de Chartres en France. Les lois barbares, on vient de
le voir, s'occupaient des médecins. Il y eut donc toujours, dans l'Occident, même après la chute de l'empire, une médecine qui ne fut pas sans considération.
Il est probable qu'elle se transmettait par tradition,

docteur appliqué à Galien et à d'autres médecins dans un manuscrit
du dixième siècle appartenant à la Bibliothèque impériale et royale
de Vienne.

c’est-à-dire que chaque médecin en réputation avait
autour de lui des élèves qui se formaient par ses instructions et par son exemple ; toujours est-il qu’on
ne voit apparaître comme centre d’enseignement, à
cette époque reculée, que Salerne d’abord, puis Montpellier. C’est plus tard dans le moyen âge que, les
universités se formant, la médecine ou, comme on disait, la *physique*, vient y prendre sa place.

Ceci posé, c’est-à-dire l’existence d’une médecine
effective en Occident depuis l’invasion des barbares
jusqu’aux neuvième et dixième siècles, il est naturel
de se demander quel en était le caractère, quelle doctrine elle suivait, quels moyens elle avait à sa disposition pour l’enseignement ; en un mot, et pour rame-
ner tout cela à une idée simple et précise, quel était
l’ensemble de livres sur lequel elle se fondait. Ces
médecins signalés par les lois barbares, ces médecins
salernitains dont les noms sont conservés dans les archives de Naples, cet Amandus de Chartres, d’où
tiraient-ils leurs connaissances ? Était-ce une médecine autochthone, née sur place d’efforts individuels ?
Mais qu’aurait été alors une médecine débutant à
nouveau et refaisant tout le travail et toute l’expérience passée ? Était-ce une médecine grecque ? Mais,
s’il en est ainsi, de quelle façon, à une époque où on
ne lisait plus le grec et où les relations avec la grécité
étaient coupées, les médecins ont-ils fait ce qu’on
faisait sans peine alors que, sous la fin de la république et durant l’empire, la langue et la science
grecques étaient monnaie courante dans l’Occident ?

Là est un problème. Peut-être les histoires de la

médecine nous en donneront la solution. Ouvrons-
les. Elles conduisent les faits jusqu'à la chute de
l'empire et à quelques petits médecins latins qui alors
apparaissent; puis elles s'arrêtent; elles les conduisent, il est vrai, dans l'Orient et à Constantinople,
plus avant; mais cette médecine des bas temps grecs
n'a rien de commun avec la médecine occidentale
dont il est ici question. Arrivées à ce point, les histoires, se taisant, franchissent les siècles, et, quand
elles rouvrent la bouche, c'est pour nous parler de
Gariopontus, au onzième siècle, de Constantin l'Africain, des Arabes et de toute cette littérature médicale
qui alors commence à foisonner. Les documents, évidemment, leur manquent, et dès lors il leur semble
que tout soit englouti avec la longue catastrophe qui
amena les barbares. Le chaos s'était fait; puis, sans
qu'on sache pourquoi, ou, si l'on veut, par les lumières nouvelles qu'apportent les traductions arabes,
une nouvelle ère commence; on sort de l'antique barbarie et l'on entre dans le mouvement scolastique qui
fut un des caractères du moyen âge et qui prépara
les temps modernes.

Mais ceci n'explique pas, ou explique mal la série
des choses: n'explique pas l'existence incontestable
d'une médecine anté-arabique; explique mal une illu-
mination soudaine, qui n'aurait pu survenir, si rien
n'avait précédé qui la préparât.

Et, en effet, la chaîne réelle n'a point été rompue;
le vide, la lacune existe dans nos histoires, mais non
dans les faits. Les lumières qui viennent de l'Orient
furent effectives; la grécité transmise par l'intermé-

diaire des Arabes fut utile ; mais cette lumière et cette
grécité trouvèrent un état des esprits qui permettait
de les accueillir et d'en profiter.

Puisque les histoires médicales se taisent sur cette
longue période, si je parle d'une manière aussi décisive, c'est que de nouveaux documents sont venus au
jour. Ces nouveaux et importants documents sont des
manuscrits négligés qui ont été tirés des bibliothèques par M. le docteur Daremberg ; il en a compris la nature, il les a rapprochés, les a groupés, et,
leur faisant dire ce qu'ils disent réellement, il a res-
titué un feuillet déchiré de ces annales scientifiques
où il s'agit de savoir, non ce qui s'inventa (puisqu'il
ne s'inventa rien), mais ce qui se transmit (puisque
c'est la transmission même qui fut menacée). Depuis
longtemps M. Daremberg est en possession des pièces
qui contiennent les faits et de l'idée historique qui les
vivifie ; il en a indiqué certains points essentiels, soit
dans des mémoires, soit dans cette *Introduction*
même mise en tête de la nouvelle édition du *Régime
de Salerne* ; sans doute il lui reste encore la tâche
d'exposer d'une manière plus complète et plus systématique ses recherches, ses résultats et ses vues. Mais
ce qui est connu suffit déjà à la critique historique
qui voudra s'en servir. Pour moi, du moins, qui ai
suivi d'un œil curieux le progrès de cette étude, qui
ai vu et touché les manuscrits antiques sur lesquels elle
se fonde, et qui même, dans mes travaux sur Hippocrate, me suis heurté à de vieilles traductions, à de
vieux commentaires, sans en saisir le plan et l'enchaînement ; pour moi, dis je, ç'a été une lumière

bienvenue. Il est facile de s'approprier rapidement un résultat laborieusement acquis par un autre; je me suis approprié celui-ci; et, toutes les fois que j'ai à réfléchir ou à écrire sur l'histoire du temps compris entre l'invasion des barbares et les commencements du onzième siècle, j'ai présente à l'esprit l'importante notion qui établit la perpétuation d'un élément grec dans l'éducation de l'Occident, et qui définit cet élément.

La démonstration donnée par M. Daremberg roule sur trois points. Le premier est l'existence de livres latins qui sont plus anciens que l'époque connue de l'introduction des livres arabes dans l'Occident. Le second est la détermination de l'origine et du caractère de ces livres latins. Le troisième est l'indication du rapport qui les unit aux plus anciens documents émanés de l'école de Salerne.

Cassiodore avait dit à ses moines : « Si la littérature grecque ne vous est pas familière, lisez Dioscoride, Hippocrate, Galien (*la Thérapeutique à Glaucon* traduite en latin), Cœlius Aurelianus et bien d'autres livres que vous trouverez dans la bibliothèque. » Ce passage qui a été peu remarqué par les érudits, et qui ne l'a été par M. Daremberg que lorsqu'il fut en possession des documents qui en montrent la signification, est devenu pour lui un point d'appui très-solide. Ce n'est pas le passage qui a inspiré les recherches; mais, quand les recherches eurent acquis de l'étendue et de la consistance, elles le firent apprécier; et M. Daremberg fut en droit de dire qu'il avait retrouvé, sinon ces traductions indiquées par Cassiodore, du moins des équivalents subséquemment refaits et remaniés.

Le fait est qu'on rencontre dans les bibliothèques publiques un grand nombre de manuscrits latins contenant des traductions d'auteurs grecs qui écrivirent sur la médecine. Je citérai Hippocrate (quelques traités seulement), Dioscoride, Galien (un très-petit nombre de traités), Soranus, Rufus, Moschion, Oribase. Ces manuscrits sont très-anciens : ils appartiennent aux septième, huitième, neuvième, dixième siècles ; ils sont écrits dans un latin assez barbare, et c'est sans doute cette circonstance, jointe à ce qu'il n'y avait là que des traductions, qui a fait que les érudits en général, et en particulier les historiens de la médecine, n'ont pas voulu prendre le soin de les examiner. Pour mon compte, dans le temps où j'étudiais Hippocrate, j'avais feuilleté ceux de la Bibliothèque impériale qui sont relatifs à cet auteur, et j'en avais été récompensé par une heureuse trouvaille, à savoir, un traité perdu (le traité des *Semaines*), qui était conservé dans une traduction latine et qui, indépendamment de la connaissance même de ce livre antique, fournit, sur la collection hippocratique elle-même, des notions complémentaires non dénuées d'intérêt. Bien plus grande a été la récompense de M. Daremberg, parce que ses recherches furent bien plus étendues. Grâce à la confiance de plusieurs ministres de l'instruction publique, confiance heureusement justifiée par les résultats et surtout par celui-ci, M. Daremberg a visité les principales bibliothèques de l'Europe ; partout il a trouvé des monuments de cette vieille médecine latine, avec même caractère et même forme.

Là fut le trait de lumière. Aucune suggestion plausible ne se serait présentée à l'esprit, s'il n'était tombé sous la main que quelques volumes isolés contenant, en langue latine, des traités de médecine grecque. Il n'aurait été permis d'y voir que des œuvres individuelles et sans relation avec des conditions générales. Mais le point de vue change quand il s'agit d'un ensemble de travaux dont les monuments sont rencontrés partout; dès lors, on conclut qu'il exista simultanément un ensemble de besoins qui détermina une aussi ample production. Cette conclusion fait grand honneur à l'esprit d'induction de M. Daremberg. Rien n'était plus facile que de passer à côté et de laisser retomber dans le chaos des époques mérovingiennes et carlovingiennes toute cette médecine gréco-latine qui, au point de vue de l'histoire générale, y introduit une précieuse notion d'ordre, d'enchaînement et de tradition.

Étant établi, soit par le témoignage de Cassiodore, soit par l'exploration des bibliothèques, qu'il exista, durant ces périodes, une masse de livres médicaux traduits en latin, est-il possible d'aller plus loin et de voir ce qu'on en faisait? Ces livres restèrent-ils à l'état de sources isolées, où chacun puisait ce qui lui convenait, ou bien naquit-il, de tout cela, une doctrine, un résumé, une somme, qui caractérisât plus précisément les idées médicales de ces hauts temps? Une somme a été en effet trouvée, et la connaissance profonde que M. Daremberg a de l'antiquité médicale lui a promptement montré d'où cette somme provenait. Le résultat paraîtra bien singulier à ceux qui ont particulièrement présent à l'esprit, soit le règne de l'hippocratisme, soit celui du galénisme. Ce n'est ni Hippocrate ni Galien qui fournirent alors le système ou canevas de l'étude; c'est l'école méthodique dont Soranus fut le plus important représentant. Galien l'a poursuivie à outrance; il combattait le *strictum* et le *laxum*, c'est-à-dire l'astriction et le relâchement, dualité par laquelle cette école expliquait la pathologie, et qui a survécu jusqu'à ces derniers temps dans le défaut ou l'excès d'incitabilité de Brown, le défaut ou l'excès d'irritation de Broussais; il y substituait la doctrine hippocratique des quatre humeurs, qu'il avait systématisée. Il est inutile d'examiner qui des deux avait raison, puisque le temps et les éclaircissements qu'il amène ont démontré que les deux hypothèses, en tant qu'hypothèses pathologiques, étaient également illusoires. Mais il faut ajouter qu'à côté et indépendamment de l'idée systématique et nécessairement métaphysique qu'elle s'était faite pour se donner une conception générale, l'école méthodique se distingua par d'excellents travaux de pathologie, par une description précieuse des maladies, et par un soin remarquable de rassembler historiquement les opinions anciennes sur chaque point. A part certains livres, tout à fait hors ligne, qui sont dans la collection hippocratique, tels que le *Pronostic,* le traité des *Fractures* et des *Articulations,* et certaines portions des *Épidémies;* à part aussi le livre Galien sur les *Lieux affectés,* les œuvres de l'école méthodique priment toute l'antiquité médicale, du moins ce que nous en connaissons. Il n'est donc pas malheureux que les hauts temps dont nous parlons l'aient eue pour institutrice.

Des recherches si bien conduites, si elles rencontraient quelque accessoire qui, resté inexpliqué, appartînt pourtant à l'ordre des traductions latines, ne devaient pas manquer d'y porter la lumière. Nous avons, en langue latine, un très-beau traité de Soranus ; le traducteur est connu sous le nom de Cœlius Aurelianus ; il dit dans un passage (*Acut.*, II, 1) : *Soranus, cujus hæc sunt quæ latinizanda suscepimus.* Il n'est, jusqu'à présent, personne qui ait pu assigner une date plausible à ce Cœlius Aurelianus, ni indiquer à quel ordre de travaux appartenait une pareille traduction, et d'où provenait cette prédilection d'un Latin qui va prendre un livre éminent de l'école méthodique, au lieu d'Hippocrate ou de Galien, qui, infailliblement, eussent été choisis dans les âges postérieurs. Du point où M. Daremberg était arrivé dans son aperçu de la médecine gréco-latine, il ne lui fut pas difficile de donner à ces questions une solution fondée sur des éléments positifs. C'est une traduction latine d'un médecin grec ; elle appartient donc au cycle des traductions dont parle Cassiodore, et dont nos bibliothèques renferment maint échantillon. Elle est en un latin passablement barbare ; à la vérité nous ne possédons plus le manuscrit sur lequel a été faite la première édition de Cœlius Aurelianus ; il était unique, et il a disparu ; très-probablement, comme c'était l'usage alors, l'éditeur a, de son chef, amélioré la latinité de beaucoup de passages ; néanmoins il y reste encore assez de traces de barbarie pour qu'on ne se refuse pas à mettre l'œuvre de Cœlius Aurelianus au siècle même de Cassiodore et à côté de ces traductions plus barbares encore, qui sont du temps immédiatement consécutif à l'invasion des Germains. Enfin, le choix d'un auteur de l'école méthodique rentre dans tout ce qui est su maintenant sur la faveur dont cette école jouissait au moment où la latinité mourante s'efforçait de garder ses liens et ses rapports avec la grécité non moins mourante.

Bien qu'il ne s'agisse que de médecine, c'est-à-dire d'une petite part du domaine scientifique, ce qui s'accomplit mérite d'être considéré. La puissante main de Rome, qui avait uni ensemble pour un temps l'Occident et l'Orient, retombait frappée d'impuissance et de mort ; et les deux portions de son empire allaient désormais chacune à sa destinée prochaine : c'est-à-dire, l'une à la décroissance et à l'absorption dans la conquête musulmane, jusqu'à ce que l'Occident, reprenant, avec des intentions meilleures et plus de puissance, les fonctions sociales de Rome, lui tende un bras secourable ; l'autre à une existence isolée, mais progressive, et aussi disposée, par son héritage de civilisation, à remonter vers les sources grecques qu'à chercher les développements nouveaux. Il n'y avait de science proprement dite que la science grecque ; l'antiquité ne s'y est jamais méprise. C'est au moment où l'union entre la Grèce et l'Occident se rompait, que l'on traduisit en latin les livres grecs, du moins les livres médicaux. Ce moment une fois passé, la langue grecque devint une langue presque inconnue parmi les Latins, les manuscrits grecs ne parvinrent plus dans l'Occident, qui, pendant un certain intervalle, vécut de la maigre pitance qu'il s'était préparée ; mais enfin il vécut de lui-même, et sut, sans secours étranger, conserver un reste précieux de vitalité scientifique. Ce reste dura, sans s'éteindre, trois ou quatre siècles. M. Daremberg est porté à penser que la prééminence accordée alors à l'école méthodique fut moins un choix qu'un accident ; mais lui-même a corrigé ce que cette proposition a d'insuffisant en disant que les livres pratiques, de quelques mains qu'ils sortissent, furent d'abord traduits, et que, parmi ces livres, ceux des méthodiques tenaient le premier rang. Il a signalé, avec beaucoup de sagacité, une élaboration intrinsèque de cette médecine latine avant l'immixtion de la médecine arabe. Que serait-il advenu, si cette immixtion n'avait pas eu lieu ? Ce qu'on peut dire seulement, c'est qu'à un moment quelconque le progrès aurait, de lui-même, fait désirer le recours aux sources grecques ; cela était historiquement inévitable. L'immixtion arabe satisfit à ce besoin dans la mesure de ce que comportaient la connaissance et le goût de la grécité.

Enfin (et c'est là le dernier point de la thèse de M. Daremberg) ces livres, dont l'existence et la nature sont ainsi constatées, ont-ils eu une influence d'école qui se soit suffisamment prolongée, de sorte qu'on puisse dire qu'ils ont vraiment rempli l'intervalle laissé en blanc par les historiens de la médecine? Nous avons vu plus haut que l'école de Salerne plonge par ses racines jusque dans le neuvième siècle au moins; mais on n'a, de cette date reculée, aucun monument que l'on puisse lui assigner; c'est deux siècles plus tard et dans le courant du onzième siècle que Gariopontus compose pour elle une somme. Or, qu'est cette somme? un remaniement de l'ancienne somme, bien antérieure à Gariopontus, faite d'éléments méthodiques, et que M. Daremberg a mise en lumière. Il est donc avéré que la même doctrine qui se résuma au début, continua de prévaloir, et qu'au onzième siècle c'était encore le méthodisme, émané des anciennes traductions, qui faisait le fond.

Ici je poserai à M. Daremberg une question incidente, sur un petit fait que j'ai eu occasion de remarquer. Nul plus que lui n'est en mesure d'y répondre. Il note que Gariopontus, qui mit en meilleur ordre l'ancienne somme, la mit aussi en meilleur latin. Le fait est qu'au onzième siècle on écrivait un latin beaucoup plus correct que celui dans lequel les vieilles traductions dont il s'agit dans tout cet article sont composées. Celui des traductions est barbare, fortement influencé, je crois, par les instincts qui devaient faire naître les langues romanes; et, à ce point de vue aussi, les vieilles traductions méritent l'examen. Or, dans mes recherches sur Hippocrate, j'ai rencontré une vieille traduction des *Aphorismes*, souverainement barbare; puis, dans un manuscrit du douzième siècle, une autre traduction écrite en un latin correct et comparativement élégant, et dont l'auteur dit, dans une courte préface, avoir eu justement pour objet de suppléer la vieille traduction incorrecte, inexacte, à peine intelligible. Peut-on croire que ce traducteur ait travaillé directement sur le grec, et qu'il y ait eu, à ce moment, quelques gens qui apprirent le grec? Cela ne se lie-t-il pas à cette tendance qui portait la société catholico-féodale, dès lors solidement assise, vers l'étude et la science, et qui, en particulier, se voit clairement dans la médecine?

Les Arabes, de seconde main il est vrai, c'est-à-dire par l'intermédiaire des traducteurs syriaques, étaient en possession de ce qui restait de la littérature grecque dans la philosophie et dans la science; mais leur curiosité ne s'étendit pas jusqu'aux monuments littéraires proprement dits; de plus, ils ignoraient absolument la littérature latine; double lacune fort grave, et qui doit entrer en ligne de compte quand on veut comprendre comment ce peuple, si bien doué à tant d'égards, laissa tomber de ses mains un flambeau qu'il avait d'abord semblé porter et entretenir avec tant d'assurance et de succès. Les Occidentaux, d'autre part, qui avaient entre leurs mains l'héritage latin, ne connaissaient la Grèce que par les traditions latines et par des traductions également insuffisantes en nombre et en qualité. Telle était la situation respective, quand l'Occident, qui se développait, devint curieux des livres et des sciences arabes; c'étaient, à beaucoup d'égards, les livres et les sciences grecques. La bonne fortune fut saisie avidement, et il y eut là une première renaissance, si par renaissance on entend prendre goût aux livres grecs et s'y familiariser. Aux deux époques l'ardeur fut grande, on s'éprit, on traduisit, on commenta; mais, pendant qu'au seizième siècle la grécité littéraire (je dis littéraire, car il fallut un pas de plus pour comprendre la grécité tout entière) s'épanchait à pleins bords, au douzième siècle ce ne fut que la grécité scientifique, et encore, remaniée par l'entremise arabe. Quiconque connaît les choses du douzième siècle sait qu'alors il n'était pas possible de faire davantage. D'une part, les moyens matériels manquaient : on ne savait pas le grec, les universités n'avaient point de chaires pour cette langue; et, d'autre part, les esprits n'étaient point préparés suffisamment : en philosophie et en science, la scolastique; en poésie, les chansons de geste; en tragédie, les mystères; en architecture, les cathédrales; tout cela formait un ensemble original en tout point, grandiose en certaines parties, chétif en d'autres, qui ne permettait pas encore d'apprécier le génie grec et de s'y complaire.

Au seizième siècle, beaucoup des conditions requises étaient remplies; aussi, les moyens matériels étant créés et les esprits étant mûris, il n'y eut plus d'obstacles, et l'on se précipita dans ce domaine merveilleux de l'antiquité grecque qui sortait des ténèbres du passé. Pourtant la préparation n'était pas telle encore qu'il ne dût rester dans la grécité une part non sentie et non comprise; la grécité, qui ne devait être saisie tout entière que plus tard, et quand l'art grec serait lui-même entré dans la conception moderne. M. Vitet, ici même, dans ce journal, a établi, avec l'habileté d'un historien et le sentiment d'un artiste, cette importante gradation suivant laquelle les modernes n'embrassèrent l'art antique de la Grèce qu'après avoir embrassé l'art antique de l'Italie, qui n'en était qu'une forme secondaire et affaiblie.

Ainsi, à vrai dire, dans la grande rénovation qui, succédant à la chute de l'empire et à l'invasion des barbares, eut pour objet la fondation de la société catholico-féodale, les Occidentaux, livrés à eux-mêmes, ne parvinrent à ressaisir l'ensemble de la grécité que par trois degrés successifs : l'introduction des traductions que les Arabes avaient faites des livres grecs de philosophie et de science, l'ouverture pleine et entière de la littérature grecque au seizième siècle, et, finalement, la réintégration, par l'histoire et par le goût, de l'art grec au sommet élevé qu'il occupa effectivement.

A bien prendre le mot de renaissance, il faut se représenter, non pas (ce qui serait une erreur) que l'esprit humain, enseveli dans un sépulcre, en sortit alors pour une nouvelle vie, mais que des monuments longtemps oubliés revinrent à la lumière et produisirent à la fois une vive passion pour leur beauté et un puissant renouvellement d'idées par leur importance. C'est un fait que, plus l'histoire chemine, plus on devient, et à bon droit, curieux des origines. Là est le grand rôle et la grande œuvre de l'érudition ; et au seizième siècle, ce fut une de ces œuvres qu'elle exécuta, mais qui, appliquée en ce moment à ce que l'antiquité oubliée avait de plus beau, de plus achevé, de plus philosophique, de plus scientifique, fut un moment unique d'intérêt et même d'enivrement. Toutefois les *renaissances*, si, déplaçant ce mot hors de son emploi isolé, on l'étend à toutes les larges et profondes ouvertures que l'on fait dans le passé de l'humanité, les *renaissances*, dis-je, forment un groupe, et on en compte plus d'une dans cette recherche, désormais régulièrement conduite, qu'on nomme érudition. Il me suffit de citer entre autres la connaissance du sanscrit, qui renouvela l'étude de la linguistique, la lecture des hiéroglyphes par Champollion, des écritures cunéiformes par Burnouf et par Lassen, qui a donné déjà et promet encore tant de résultats. Ce sont des *renaissances ;* car elles renouvellent des domaines entiers de la connaissance, révèlent le passé d'une façon qui captive le présent, et agrandissent les vues sur l'antiquité au moment où s'agrandissent les vues sur le développement à venir.

Les vieilles traductions latines, qui furent l'aliment médical avant l'introduction des livres grécoarabes, permettent de comprendre la signification et l'opportunité de cette introduction. M. Daremberg les considère encore à un autre point de vue : « La « continuation des études scientifiques en Occident « se fit par les traductions latines des auteurs clas- « siques et surtout par la *Somme médicale* déjà fort « estimée, mais introduite solennellement à Salerne, « et, de là répandue peu à peu dans tout le reste de « l'Occident sous la nouvelle forme ; car, bien après « la chute de l'empire, et quand tous les liens sont « depuis longtemps rompus entre les provinces et la « métropole, c'est encore l'Italie qui reste l'institu-

« trice du monde occidental; c'est d'elle que procè-
« dent tout le mouvement de la civilisation et toute
« la culture intellectuelle par ses écoles et par ses
« livres, lors même qu'elle emprunte les livres à des
« sources étrangères. » (P. xxx.) Cette assertion, je
ne puis l'admettre telle qu'elle est posée. Il est vrai,
sans contestation, que l'école de Salerne est la plus
ancienne école de médecine; que les documents
exhumés par M. Daremberg sont d'origine italienne,
et que cette vieille instruction médicale vient de l'Italie; mais conclure de là que l'Italie fut, dans le haut
moyen âge, ce qu'elle avait été dans l'antiquité,
c'est-à-dire l'institutrice de l'Occident, c'est une vue
que l'histoire ne permet pas d'accepter. Entre l'Italie,
la France et l'Espagne, de même que leurs langues
ne sont pas filles l'une de l'autre, mais sont sœurs,
de même, dans les rapports sociaux et intellectuels,
il y eut une contemporanéité nécessaire démontrée
par la contemporanéité même des idiomes; et aucun
de ces grands peuples ne joue à l'égard de l'autre le
rôle d'instituteur, tel que celui des Latins pour les
Gaulois ou les Ibères, des Grecs pour les Latins eux-
mêmes. Toutefois, cette contemporanéité ne fut pas
tellement étroite dans un système composé d'aussi
vastes corps, qu'elle ne permît des avances tantôt en
un temps tantôt en un autre. Or la plus ancienne de
ces avances, celle qui constitue, si je puis ainsi parler, l'autonomie littéraire des nations romanes, appartient non à l'Italie, mais à la France, aussi bien
de la langue d'oïl que de la langue d'oc. Ce point
est établi, comme ces choses s'établissent, par les do-

cuments, c'est-à-dire, ici, les œuvres de tout genre qui furent créées de ce côté-ci des Alpes, dans le onzième et le douzième siècle, et dont l'équivalent, pour ces époques, manque de l'autre côté. C'est au quatorzième et au quinzième siècle que l'Italie prend à son tour une de ces avances qui rétablissent incessamment l'équilibre intellectuel entre les nations occidentales.

Mais je ne chicanerai pas plus longtemps M. Daremberg sur une proposition incidente, quand je suis tellement d'accord avec lui sur l'objet principal de son sujet, où j'ai trouvé, depuis que je le connais à fond, un utile complément à mes études tant médicales qu'historiques. « C'est, dit-il, pour avoir ou- « blié ou entièrement méconnu la succession natu- « relle des faits qu'on n'avait tenu compte ni des « écoles latines qui remplacèrent les écoles grecques, « ni des traductions latines qui succédèrent si rapi- « dement aux originaux grecs, ni de l'intervention « puissante des monastères pour le salut de la science « et des lettres ; c'est enfin pour avoir préféré le mer- « veilleux à la noble simplicité de l'histoire qu'on est « allé chercher si loin les Sarrasins, quand on avait « si près de soi les véritables auteurs de la rénovation « ou de la conservation des études en Occident, ces in- « stituts littéraires, ces traductions, ces moines, ces « laïques, qui tous concouraient depuis deux siècles au « même but. » (P. XXII.) Les vieilles traductions latines, les vieilles sommes furent frappées d'une déchéance irrémédiable dès que les livres gréco-arabes devinrent la base de l'enseignement ; on ne les recopia

plus, et elles demeurèrent oubliées dans les bibliothèques. M. Daremberg les a retrouvées telles qu'elles
étaient au moment qu'elles tombèrent des dernières
mains qui les feuilletèrent pour s'y instruire ; mais il
a retrouvé en même temps le rôle qu'elles avaient
joué et la place qu'elles avaient eue. Ce rôle, cette
place, c'est d'avoir conservé dans l'Occident la filiation grecque à une époque où nous croyions qu'il n'y
avait rien de ce genre, et, sous une forme que nous
ne soupçonnions pas, d'avoir entretenu, pendant les
siècles mérovingiens et carlovingiens, une culture
effective et rigoureusement conforme à la tradition,
enfin d'avoir suffisamment préparé les esprits pour
que la demi-renaissance qui se fit par les Arabes ait
été accueillie et fructueuse. Tout cela, dû à M. Daremberg, constitue, parmi les dernières acquisitions
de l'érudition, une acquisition heureuse et inat-
tendue.

V

SAINT LOUIS ET JOINVILLE

Sommaire[1]. — Le siècle qui suivit le siècle de saint Louis fut funeste à la France ; mais alors elle était riche, peuplée, florissante, industrieuse. Ceux qui veulent voir ce que pouvaient les institutions du moyen âge pour la prospérité relative d'un pays en auront une vue succincte dans cette courte étude ; tout en se souvenant que le petit fils même de saint Louis allait porter à la papauté le coup violent qui fit la première scission avec les doctrines du moyen âge et prépara l'ère laïque ou moderne.

« On trouverait à peine en France, dit M. de « Wailly, une personne capable de comprendre la « langue de Joinville contre cent qui sont en état de « lire le latin ou quelque langue moderne. » Cela est malheureusement vrai ; l'étude de notre vieille langue, bien que très-facile, est complétement négligée. C'est cette négligence qui justifie des tentatives comme celles de M. de Wailly ; à qui ne lit pas les textes originaux, il faut des traductions, si toutefois on doit appeler traductions ces versions de l'une à l'autre entre deux langues aussi voisines que le sont le vieux français et le français moderne. On en jugera par

---

1. *Histoire de saint Louis,* par Joinville, texte rapproché du français moderne et mis à la portée de tous, par M. Natalis de Wailly. Paris, Hachette. — *Journal des Savants,* octobre 1865.

l'échantillon suivant. Voici le texte ancien, il s'agit de Louis IX débarquant et attaquant les Sarrasins qui défendent le rivage : « Quant li roy oy dire que l'en-
« seigne Saint-Denis estoit à terre, il en ala grant
« pas parmi son vessel, ne onques pour le legat qui
« estoit avec li, ne le voult lessier et sailli en la mer,
« dont il fu en yaue jusques aus esselles, et ala l'escu
« au col et le heaume en teste et le glaive en la main,
« jusques à sa gent qui estoient sur la rive de la
« mer. Quant il vint à terre et il choisi les Sarrazins,
« il demanda quele gent c'estoient; et en li dit que
« c'estoient Sarrazins; et il mist le glaive desous
« s'esselle et l'escu devant li, et eust couru sus aus
« Sarrazins, se ses preudeshomes, qui estoient avec
« li, li eussent souffert. » Voici maintenant la traduction : « Quand le roi ouït dire que l'enseigne Saint-
« Denis était à terre, il traversa à grands pas son
« vaisseau, et, malgré le légat qui était avec lui, ja-
« mais il ne voulut la laisser, et sauta dans la mer,
« où il fut dans l'eau jusqu'aux aisselles. Et il alla
« l'écu au col, le heaume en tête et la lance en main
« jusques à ses gens qui étaient sur le rivage de la
« mer. Quand il vint à terre et qu'il aperçut les Sar-
« rasins, il demanda quelles gens c'étaient; et on
« lui dit que c'étaient des Sarrasins; et il mit la lance
« sous son aisselle et l'écu devant lui, et il eût couru
« sus aux Sarrasins, si ses prud'hommes, qui étaient
« avec lui, l'eussent souffert. »

Joinville atteignit un très-grand âge; il mourut à quatre-vingt-quinze ans en 1319, ayant vu six rois, Louis VIII, Louis IX, Philippe le Hardi, Philippe le

Bel, Louis le Hutin, et Philippe V dit le Long ; il avait
plus de quatre-vingts ans quand il commença d'écrire
ses mémoires et quatre-vingt-cinq quand il les ter-
mina. La ténacité de la mémoire chez les vieillards
pour tout ce qui est de leur jeunesse explique comment, après un si long temps, il put fidèlement re-
tracer ce qu'il avait vu et su de son bon et saint roi
Louis. Le livre de Joinville n'est point une histoire de
saint Louis, pas même de la croisade à laquelle il as-
sista. C'est un récit attachant par les particularités,
par les détails, par les mots, par les conversations.
Avec ce récit on est présent à une foule de petites
scènes d'intérieur où le temps et le roi se font voir et
toucher.

Ce fut un bon temps et un bon roi : un bon temps,
puisqu'alors la vie de la société fut pleine et entière
suivant les conditions qui la régissaient ; un bon roi,
puisque Louis IX appliqua au service de ses sujets un
esprit bien fait, un cœur loyal, un grand courage.
Scrupuleux observateur de la justice à l'égard de ses
voisins, amoureux de la paix, aussi ferme que bien-
veillant avec ses barons, gardant, pour me servir de
ses propres expressions, les bonnes villes et les coutumes du royaume, son règne fut une ère de prospérité, de tranquillité, de sage gouvernement. Et ce
n'était pas un mince bienfait de tenir dans le repos
les turbulents barons ; rien n'était plus désastreux
que les petites guerres intestines qu'ils se faisaient.
On brûlait, on pillait, on tuait sans miséricorde ;
voyez ce que dit Joinville dans le texte de M. de
Wailly : « Les barons vinrent brûlant et détruisant....

« le trouble du comte de Champagne fut tel, que
« lui-même brûlait les villes avant la venue des ba-
« rons pour qu'ils ne les trouvassent pas garnies.
« Outre les autres villes que le comte de Champagne
« brûlait, il brûla Épernay et Vertus et Sézanne. » Il
s'agit d'une guerre des barons contre Thibaut, comte
de Champagne, qui éclata au commencement du règne
de Louis IX. Le roi imposa promptement la paix aux
belligérants.

On sait que la minorité de saint Louis fut troublée
par les prétentions des barons, et que la reine Blanche,
sa mère, défendit son fils contre eux avec prudence
et courage. Dans ces circonstances la fidélité de Paris
et son amour se montrèrent avec éclat : « Après que
« le roi fut couronné, il y eut des barons qui deman-
« dèrent à la reine qu'elle leur donnât de grandes
« terres; et, parce qu'elle n'en voulut rien faire, tous
« les barons s'assemblèrent à Corbeil. Et le saint roi
« me conta que ni lui, ni sa mère, qui étaient à
« Montlhéry, n'osèrent revenir à Paris jusques à tant
« que les habitants de Paris les vinrent quérir en
« armes. Et il me conta que depuis Montlhéry le che-
« min était tout plein de gens en armes et sans armes
« jusques à Paris, et que tous criaient à Notre-Sei-
« gneur qu'il lui donnât bonne et longue vie, et le
« défendît et gardât contre ses ennemis. » Dans mes
citations je me sers toujours de la version de M. de
Wailly.

Les écrivains philosophes du dix-huitième siècle
ont beaucoup blâmé saint Louis de ses croisades. Sur
la seconde je reviendrai; la première se peut défendre.

Condamner les croisades en général, c'est obéir à un rationalisme abstrait qui, en jugeant l'histoire, ne tient aucun compte des conditions. Pour que les croisades fussent injustes, il faudrait que l'islamisme n'eût pas eu les siennes et qu'après avoir chassé le christianisme de l'Égypte, de la Syrie, de l'Afrique, il ne fût pas venu en Espagne, en Italie, dans le midi de la France et jusque dans les plaines de Tours. Les deux monothéismes, une fois aux prises, n'entendirent plus se céder pacifiquement l'un à l'autre l'ascendant sur le monde; et, quand à son tour le monothéisme chrétien se sentit assez fort, il voulut, par une même impulsion, honorer pieusement son berceau et imposer définitivement un frein aux entreprises musulmanes.

Au temps de saint Louis, les ardeurs et les motifs qui avaient animé les croisés étaient encore puissants, et il est naturel qu'il y ait obéi; plus d'un roi de France avait pris la croix. Sans doute l'heure approchait grandement où ni le sentiment religieux ne suggérerait, ni la politique ne permettrait plus ces lointaines expéditions. Mais, dans la première moitié du treizième siècle, un roi d'une piété profonde et sincère put penser qu'il devait à la Terre sainte et au tombeau de Jésus-Christ un suprême hommage. Je ne m'associe donc aucunement au blâme jeté sur la croisade de 1248 par la philosophie du dix-huitième siècle. C'est à un autre point de vue que j'y trouve quelque chose à reprendre; le roi se croisa à l'occasion d'une maladie : « Il fut à telle extrémité, dit « Joinville, que l'une des dames qui le gardaient lui

« voulait tirer le drap sur le visage, et disait qu'il
« était mort. Et une autre dame, qui était de l'autre
« côté du lit, ne le souffrit pas; mais elle disait qu'il
« avait encore l'âme au corps. Comme il entendait le
« débat de ces deux dames, Notre-Seigneur opéra en
« lui et lui envoya tantôt la santé; car avant il était
« muet et ne pouvait parler. Il requit qu'on lui don-
« nât la croix, et ainsi fit-on. » Pour une guérison
qu'il crut devoir à l'intervention divine, je conçois
qu'il eût voué quelque pèlerinage, *en langes et pieds
nus*, comme on faisait alors; c'était chose privée;
mais, pour une œuvre générale, telle que la croisade,
j'aurais voulu qu'il la proclamât, comme la seconde,
à *la chapelle et sur l'échafaud des reliques*, non dans
un lit de malade. Il me semble qu'une morale délicate exigeait que, pour une grâce privée, ce fût non
le public qui fût appelé à répondre, mais la personne
seule qui avait reçu cette grâce.

L'expédition fut désastreuse, il n'y eut de sauvé
que ce qui était resté à Damiette, tout le reste périt
de misère et de maladie, fut tué ou fut pris. Saint
Louis fut vaillant dans le combat, hardi à entrepren-
dre, héroïque dans la retraite tant qu'il y eut retraite.
Surtout il ne fit jamais le roi, et ses gens n'éprou-
vèrent pas une souffrance qu'il ne voulût partager
avec eux. Mais on ne voit pas qu'il ait embrassé d'un
coup d'œil de capitaine les difficultés de son expédition et les moyens de les surmonter. Le fait est que
l'armée périt parce que son chef ne demeura pas maître du cours du Nil. Les Sarrasins établirent une flot-
tille entre Damiette et le camp des chrétiens qui avaient

marché du côté du Caire; tout convoi fut intercepté.
La famine se mit dans l'armée, le scorbut s'y joignit;
il devint impossible d'avancer, impossible de demeurer; il fallut rétrograder; cette retraite fut conduite
avec une grande fermeté, et déjà la malheureuse
troupe n'était plus qu'à cinq lieues de Damiette,
quand une dernière attaque des Sarrasins, dont le
nombre avait crû immensément, l'enfonça et la jeta
dans un désordre irréparable. Mais, en tant que général, le roi ne montra aucune capacité éminente; du
moins, à part le succès du débarquement et la prise
de Damiette, la défense fut partout supérieure à l'attaque; les Sarrasins l'arrêtèrent plus d'un mois sur
les bords d'un bras du Nil; quand il l'eut passé, ils
l'arrêtèrent encore devant Mansourah; ils l'affamèrent
dans son camp, et finalement ils l'écrasèrent en vue
de Damiette. Toute l'habileté militaire est de leur
côté.

Le désastre du comte d'Artois n'est pas imputable
à saint Louis. Arrivé devant la branche du Nil dite de
Tanis, on se trouva arrêté court, il s'agissait de passer le fleuve devant les Sarrasins campés sur l'autre
bord. L'art des ingénieurs était peu avancé; ce qu'on
imagina fut de jeter une chaussée d'un bord à l'autre.
Beaucoup de jours furent employés à ce travail; enfin,
désespérant d'y réussir, on s'enquit de quelque gué.
Un bédouin en indiqua un, profond, périlleux, car on
était à la nage dans une partie du trajet. Ce fut le roi
qui se chargea de conduire cette dangereuse opération; il emmena ses trois frères et la plus grande partie de la chevalerie et des autres gens à cheval. « Li

« quens d'Artois (le comte d'Artois), dit Jean Pierre
« Sarrasin, narrateur de la croisade comme Joinville,
« et li autre qui faisoient l'avant-garde se ferirent en
« l'iaue par grant hardement, et par grans prouesses
« passerent et par grans perils de leur cors et de leur
« chevaus. En tele maniere passa li roys et tout li
« autre après. » Certes, ce passage de la branche de
Tanis n'a rien à envier au passage du Rhin tant célé-
bré ; et même le péril était bien plus grand ; car l'armée des Sarrasins qu'on allait chercher était autrement
puissante que le chétif corps hollandais qui atten-
dait les plus renommés capitaines et les plus braves
troupes de Louis XIV.

    « Quant li roys et li autre qui monté estoient por
« passer le flun (le fleuve), furent aus chans fors de
« l'ost, dit le même Jean Pierre Sarrasin, li roys com-
« manda à trestous communement, aus haus et aus
« bas, que nus (nul) ne fust tant hardis que il se des-
« routast, ains se tenist chascuns en sa bataille, et que
« les batailles se tenissent près les unes des autres et
« alaissent tout ce pas et tout ordonéement, et quant li
« premier seroient passé le flun, qu'il atendissent sur
« l'autre rive d'autre part tant que li roys et li autre
« fussent passé. » De cet ordre si précis le comte
d'Artois ne tint aucun compte. A peine eut-il pris
terre qu'il remonta le fleuve et alla attaquer le camp
ennemi. Cette attaque eut le plus grand succès ; il se
fit un grand carnage des Sarrasins : « Granz pitiez
« estoit, dit Pierre Sarrasin, à veoir tant de corps de
« gens mors et si grant effusion de sanc, se ce ne fust
« des enemis de la foi crestienne. » Là le maître du

Temple, frère Giles, conseilla de s'arrêter. Un chevalier inconnu, d'après Pierre Sarrasin, le comte d'Artois lui-même d'après la *Complainte sur la mort de Guillaume Longue-Espée* (ces détails ne sont pas dans Joinville), répondit : « Toujours y aura-t-il du poil du « loup. » Le *poil du loup* était un dicton pour indiquer mauvais vouloir et trahison. Le comte d'Artois ajouta que, si frère Giles avait peur, il pouvait demeurer. « Freres Giles respondi en tele maniere : « Sire, je ne mi frere (moi ni mes frères) n'avons pas « paour; nous ne demourrons pas, ains irons avecques « vous; mais sachiez que nous doutons que nous ne « vous n'en reveignons jà. » On se jeta dans Mansourah, et en effet personne n'en revint.

La *Complainte* dont je viens de parler est en anglonormand, qui aurait été un dialecte de la langue d'oïl, si l'anglais, l'étouffant, ne l'eût empêché de devenir la langue nationale de l'Angleterre, et qui resta un grossier patois. Le comte Guillaume de Salisbury, dit Longue-Épée, accompagna saint Louis dans la croisade, et il fut de cette avant-garde que le comte d'Artois alla perdre dans Mansourah. Joinville raconte d'une manière touchante comment le roi apprit le malheur advenu : « Et alors vint à lui frère Henri de « Ronnay, qui avait passé la rivière, et il lui baisa « la main tout armée. Et le roi lui demanda s'il sa- « vait quelques nouvelles du comte d'Artois, son « frère; et il lui dit qu'il en savait bien des nou- « velles, car il était certain que son frère le comte « d'Artois était en paradis : hé sire, ayez-en bon re- « confort; car si grand honneur n'advint jamais au

« roi de France que celui qui vous est advenu; car,
« pour combattre vos ennemis, vous avez passé une
« rivière à la nage, et les avez déconfits et chassés du
« champ de bataille, et pris leurs engins et leurs
« tentes là où vous coucherez encore cette nuit. Et le
« roi répondit que Dieu fût adoré pour les dons qu'il
« lui faisait, et alors les larmes lui tombaient des
« yeux bien grosses. »

Que fût en paradis l'âme du prince qui, par son
orgueil et son surcuider, avait causé la mort de tant
de braves gens, telle n'était pas l'opinion de l'Anglais
qui composa la complainte. Il le damne sans miséricorde :

> Sa alme est en enfer, en graunt martire.

(Son âme est en enfer, en grand martyre.)

Il l'accuse même d'avoir manqué de cœur et de courage quand il se vit perdu :

> Li count de Artoise sor son grand destrer;
> L'eschel de sa launce perça le primer;
> N'avoit cor ne courage plus demorer,
> Tant fu fort assailli de fer et d'acer;
> Le primer qu'il encontra, à terre fist tumber;
> Puis s'en turna vers le flume, si s'en voit najer.

(Le comte d'Artois, sur son grand destrier, perça le premier, de sa
lance, l'escadron; il n'avait cœur ni courage pour demeurer davantage; tant il fut assailli de fer et d'acier! Le premier qu'il rencontra,
il le fit tomber à terre, puis tourna vers le fleuve, et va se mettre
à la nage.)

Au reste cet Anglais est peu disposé à faire honneur aux chevaliers de France; tout le los est pour le

comte Guillaume et les templiers. Suivant lui, un chevalier de Normandie propose à Guillaume Longue-Épée d'essayer de gagner le fleuve et de le passer à la nage ; à quoi Guillaume répond qu'il ne fuira pas pour peur de Sarrasin ; qu'il est venu servir Dieu et mourir, s'il le faut, à son service ; qu'il vendra cher sa vie, et que c'est se mettre à honte que de tourner le dos et perdre le paradis réservé à qui mourra en combattant les infidèles. Le chevalier normand ne l'écoute pas, il pousse son cheval dans le fleuve, se noie, et, suivant le charitable Anglais :

> L'alme fu tantost au deable comandée,
> Et meint altre Fraunceis se nea le jour ;
> De la vie perdre tant avoient paour ;
> S'il se fussent combatu por le Dieu amour,
> Lur almes fussent en joie od lur creatour.

(L'âme fut aussitôt livrée au diable ; et maint autre Français se noya ce jour, tant ils avaient peur de perdre la vie ! S'ils eussent combattu pour l'amour de Dieu, leurs âmes eussent été en joie avec leur créateur.)

Mais ces détails sont de pure imagination ; on le jugerait à la manière, qui est tout à fait celle des chansons de geste ; on le jugera encore plus précisé-ment par ceci : au dire de notre Anglais, le comte de Salisbury, dans la mêlée, a le pied coupé, et il continue à combattre ; un peu plus tard, un coup lui abat la main droite, il prend l'épée de la main gauche et en détranche les Sarrasins qui sont autour de lui. Tout cela ne se voit que dans les chansons de geste : les artères de la jambe donnent une abondante hé-morrhagie, qui ne laisse qu'un court moment au plus vaillant héroïsme; très-vite le sang manque, les ténèbres obscurcissent la vue, la force s'en va, la syncope arrive. La vérité est qu'on ne sut que très-imparfaitement ce qui se passa à Mansourah. Joinville n'en dit rien. Jean Pierre Sarrasin, après avoir raconté que les chrétiens, dont les chevaux étaient si las qu'ils défaillaient tous, n'allant plus que par petites troupes, furent une proie facile, et que quelques-uns se jetèrent dans le fleuve pour s'échapper, mais qu'ils s'y noyèrent, ajoute : « En cele bataille furent ou mors « ou pris, on ne set mie bien lequel : Robers li quens « d'Artois, frere le roi Loys de France, Raouls li sires « de Couci, Rogiers li sires de Rosoi en Tieraisse, « Jehan sires de Chevisi, Erars sires de Braine en « Champaigne, Guillaume Longue-Espée, quens de « Salesbieres en Angleterre; tout li templier furent « perdu, et n'en demoura que quatre ou cinc. Moult « grant plenté de nos barons, de chevaliers, d'arba- « lestriers et de sergans à cheval, des plus preus et « des plus esleus de toute nostre ost, furent perdu, « n'onques n'en sut on certaineté. » On voit qu'au moment même, dans le camp des chrétiens, on ignorait ce qui précisément s'était passé. Peut être en apprit-on plus tard un peu davantage, soit des Sarrasins, soit des captifs qui revinrent. Mais il est certain que, depuis la folie de Mansourah, on n'entendit plus jamais parler ni du comte d'Artois, ni de Guillaume Longue-Épée, ni des autres que nomme Jean-Pierre Sarrasin.

Cette malveillance, visible dans la complainte, du populaire d'Angleterre contre saint Louis et les Fran-

çais, se montre aussi dans ce récit, que j'emprunte
aux *Miracles saint Loys :* « Hue de Norenthonne, du
« dyocese de Lincole, repareur de cuirs, qui demo-
« roit en la vile Saint-Denis et i avoit demoré par
« trente anz, se moquoit de ceus qui oroient au tom-
« bel saint Loys, et disoit que li rois Henris d'Engle-
« terre avoit esté meilleur homme que li benoiet saint
« Loys, et se moquoit de ceus qui, par devotion, be-
« soient ledit tombel. Et come cil meesme Hue fust
« une fois en l'eglise de Saint-Denis, il prist et gita
« à terre deux chandeles qui estoient apuiées au tom-
« bel devant dit, en despit de celui meesmes benoiet
« saint Loys, pour ce que cil de la vile de Saint-Denis
« qui ilecques estoient escharnissoient (raillaient) le-
« dit Hue et le roi d'Engleterre desus dit. » Notre
corroyeur fut puni de ses mauvais sentiments : une
maladie le saisit, dont rien ne put le délivrer, si bien
qu'il implora le tombeau qui faisait toute sorte de
miracles ; et le saint roi, aussi bon après sa mort qu'il
l'avait été pendant sa vie, accorda à l'Anglais la guérison de ses souffrances.

Les Sarrasins avaient à leur disposition le feu grégeois, dont les chrétiens ne connaissaient ni la composition ni l'usage. « Ils amenèrent, dit Joinville, un
« engin qu'on appelle pierrière, et ils mirent le feu
« grégeois dans la fronde de l'engin. Quand mon-
« seigneur Gautier du Cureil, le bon chevalier, qui
« était avec moi, vit cela, il nous dit ainsi : Sei-
« gneurs, nous sommes dans le plus grand péril où
« nous ayons jamais été ; car, s'ils brûlent nos châ-
« teaux et que nous demeurions, nous sommes per-

« dus et brûlés ; et, si nous laissons nos postes qu'on
« nous a baillés à garder, nous sommes honnis ; c'est
« pourquoi nul ne nous peut défendre de ce péril,
« excepté Dieu. Je suis donc d'avis et vous conseille
« que, toutes les fois qu'ils nous lanceront le feu,
« nous nous mettions sur nos coudes et nos genoux
« et priions Notre-Seigneur qu'il nous tire de ce péril.
« Sitôt qu'ils lancèrent le premier coup, nous nous
« mîmes sur nos coudes et nos genoux, ainsi qu'il
« nous l'avait enseigné. » Le feu grégeois, composition incendiaire, n'était pas aisément maniable ; car
les Sarrasins le lançaient, non à coups pressés, mais
à de grands intervalles de temps. On voit quelle terreur il inspirait, et cependant les chevaliers de saint
Louis étaient gens de haute prouesse, et ils en donnèrent mille preuves dans cette désastreuse expédition. Mais le courage, comme les autres qualités morales, a ses formes correspondantes aux diverses
périodes historiques. Qu'était ce misérable feu grégeois à côté du feu d'une artillerie bien servie, que
pourtant, quand il le faut, le soldat moderne endure
avec une stoïque fermeté ? Supporter, impassible et
sans bouger, des coups venus de loin n'était pas dans
la forme du courage d'alors ; les légionnaires romains,
eux-mêmes, n'avaient pas non plus cette forme de
courage, et les historiens ne manquent jamais de
nous dépeindre leur malaise quand ils se trouvaient
exposés, à découvert et immobiles, aux frondeurs et
aux archers.

Lorsque, dans la *Chanson de Roland*, Olivier,
voyant l'innombrable armée des Sarrasins s'appro-

cher, conseille à Roland de sonner du cor, pour signaler à Charlemagne le péril où ils sont, Roland répond qu'il n'en fera rien, de peur que quelque soupçon de faiblesse ne s'attache à cet appel et que

Male chanson de lui ne soit chantée.

Le poëte n'a rien exprimé que ne renfermât le cœur de ces vaillants barons. Joinville et les siens, entourés d'une multitude de Sarrasins, se défendaient vigoureusement, mais à grand'peine. Un de ses compagnons, Érard de Siverey, qui venait d'être frappé d'un coup d'épée au visage, tellement que le nez lui tombait sur le visage, lui dit : « Sire, si vous croyiez que « ni moi ni mes héritiers n'en eussions de reproche, « je vous irais quérir du secours au comte d'Anjou, « que je vois là au milieu des champs. » Lui aussi craignait blâme et *male chanson* s'il quittait, sans commandement, un lieu périlleux.

Les ecclésiastiques n'avaient pas encore cessé de porter les armes. « Il y avait, dit Joinville, un très-« vaillant homme dans l'armée, qui avait nom mon-« seigneur Jacques de Castel, évêque de Soissons. « Quand il vit que nos gens s'en revenaient vers Da-« miette, lui, qui avait grand désir d'aller à Dieu, ne « s'en voulut pas revenir au pays où il était né; mais « il se hâta d'aller à Dieu, et piqua des éperons et at-« taqua tout seul les Turcs, qui, à coups d'épée, l'oc-« cirent et le mirent dans la compagnie de Dieu au « nombre des martyrs. » Joinville cite un prêtre qui mit en fuite huit Sarrasins : « De ce corps de Turcs à

« cheval étaient descendus à pied huit de leurs chefs
« très-bien armés, qui avaient fait un retranchement
« de pierres de taille, pour que nos arbalétriers ne
« les blessassent pas; ces huit Sarrasins tiraient au
« hasard dans notre camp, et ils blessèrent plusieurs
« de nos gens et de nos chevaux.... Un mien prêtre,
« qui avait nom monseigneur Jean de Voysset....
« partit de notre camp tout seul et se dirigea vers les
« Sarrasins, ayant vêtu une veste rembourrée, un
« chapeau de fer sur la tête, une lance sous l'aisselle.
« Quand il vint près des Sarrasins, qui le méprisaient
« parce qu'ils le voyaient tout seul, il tira sa lance de
« dessous l'aisselle et leur courut sus; il n'y en eut
« aucun des huit qui se mît en défense, mais ils pri-
« rent tous la fuite. » Un autre clerc, non pas du
camp et dans la croisade, mais à Paris, ayant été volé
par trois sergents du Châtelet, qui lui enlevèrent tous
ses habits, alla en chemise à son logement et y prit
son arbalète et un coutelas. Ainsi armé, il courut
après ses voleurs, en tua un d'un coup de flèche,
trancha la jambe à un second, de manière qu'elle ne
tenait plus qu'à la botte, fendit la tête du troisième
jusqu'aux dents, et, cela fait, se rendit en la prison.
Le lendemain, le prévôt l'amena au roi pour qu'il en
fît sa volonté. « Sire prêtre, fit le roi, vous avez man-
« qué à être prêtre par votre prouesse; et, pour votre
« prouesse, je vous retiens à mes gages, et vous vous
« en viendrez avec moi outre-mer. Et ce traitement
« je vous le fais encore parce que je veux que mes
« gens voient que je ne les soutiendrai en nulles de
« leurs méchancetés. »

J'ai dit en commençant que le temps de saint Louis fut un bon temps ; je reviens sur cette expression, non pour la changer, mais pour la mettre au point de vue relatif, qui est le seul vrai en histoire. Les partisans du moyen âge disent que cette ère de foi catholique fut l'ère suprême du genre humain, en deçà de laquelle il n'y a que paganisme, au delà de laquelle il n'y a qu'hérésie, incrédulité et perversion ; les adversaires disent que cette ère est décadence à l'égard de l'antiquité païenne, barbarie et ténèbres à l'égard des temps modernes ; mais ceux qui considèrent l'histoire comme un phénomène naturel où l'antécédent produit le conséquent ne donnent leur assentiment ni à l'une ni à l'autre de ces assertions ; pour eux, le moyen âge est le produit de l'antiquité, et le temps moderne le produit du moyen âge, si bien que ces trois grandes époques ont contribué, chacune pour sa part, à la transmission et au développement de la civilisation supérieure.

Cela posé, il est évident que le moyen âge, et en particulier le treizième siècle et l'âge de saint Louis, est un passage vers un autre ordre meilleur. Il ne possède ni la haute science, ni cette grande morale véritablement humaine, qui s'exprime par le mot tout moderne de *tolérance*.

Le roi avait fait à Joinville, qui nous l'a conservé, un récit suffisant pour caractériser le siècle à cet endroit. Il s'agit d'une conférence de clercs et de juifs qui devait se tenir au monastère de Cluny. « Il y eut « là un chevalier à qui l'abbé avait donné le pain en « ce lieu pour l'amour de Dieu ; et il demanda à l'abbé

« qu'il lui laissât dire la première parole, et on le lui
« octroya avec peine. Et alors il se leva et s'appuya
« sur sa béquille, et dit qu'on lui fît venir le plus
« grand clerc et le plus grand maître des juifs ; et
« ainsi firent-ils. Et il lui fit une demande qui fut
« telle : « Maître, fit le chevalier, je vous demande si
« vous croyez que la vierge Marie, qui porta Dieu en
« ses flancs et en ses bras, ait enfanté vierge et qu'elle
« soit mère de Dieu? » Et le juif répondit que de tout
« cela il ne croyait rien. Et le chevalier lui répondit
« qu'il avait vraiment agi en fou quand, ne croyant
« en elle ni ne l'aimant, il était entré en son église et
« en sa maison. Et vraiment, fit le chevalier, vous le
« payerez. Et alors il leva sa béquille et frappa le juif
« près de l'oreille, et le jeta par terre. Et les juifs se
« mirent en fuite, et emportèrent leur maître tout
« blessé. »

Tandis que la tolérance est le signe éminent du développement moral, la reconnaissance de la stabilité
des lois naturelles est le signe éminent du développement scientifique. Pour Joinville, tout baron qu'il est,
chargé du gouvernement d'un grand fief, conseiller
de saint Louis, chevalier revenu d'outre-mer, lettré et
capable d'écrire ses mémoires, il ne lui vient jamais
à l'esprit de mettre en doute le plus extravagant et
le plus inutile des miracles. Ici c'est un saint moine
pour qui la Vierge prend soin qu'il ne s'enrhume :
« Sachez, fit-il (au moine de Clairvaux), ce que j'ai
« ouï conter à un prudhomme qui était couché au
« dortoir là où l'abbé de Cheminon dormait ; l'abbé
« avait découvert sa poitrine à cause de la chaleur

« qu'il avait; et ce prudhomme, qui était couché au
« dortoir où l'abbé de Cheminon dormait, vit la Mère
« de Dieu qui alla au lit de l'abbé, et lui ramena la
« robe sur la poitrine de peur que le vent ne lui fît du
« mal. » Dans la navigation vers l'Égypte, une montagne surnaturelle les menaça d'un grand péril :
« Quand les mariniers virent cela, ils furent tout
« ébahis, et nous dirent que nos vaisseaux étaient en
« grand péril; car nous étions devant la terre aux
« Sarrasins de Barbarie. Alors un prêtre prudhomme,
« qu'on appelait le doyen de Maurupt, nous dit qu'il
« n'eut jamais à souffrir en sa paroisse ni par défaut
« d'eau ni par trop de pluie, ni de tout autre fléau,
« sans que, aussitôt qu'il avait fait trois processions
« trois samedis, Dieu et sa Mère le délivrassent. C'é-
« tait samedi, nous fîmes la première procession au-
« tour des deux mâts du vaisseau; moi-même je m'y
« fis porter à bras, parce que j'étais grièvement ma-
« lade. Jamais depuis nous ne vîmes la montagne, et
« nous vîmes en Chypre le troisième samedi. » No-
tez que Jean-Pierre Sarrasin ne dit pas un mot de
l'obstacle que rencontra la navigation. Joinville rapporte un autre exemple de l'efficacité des trois processions : « Quand la Saint-Remi fut passée sans
« qu'on ouît nulles nouvelles du comte de Poitiers (il
« amenait l'arrière-ban de France), de quoi le roi et
« tous ceux de l'armée étaient en grand trouble,
« alors je rappelai au légat comment le doyen de
« Maurupt nous avait fait trois processions en mer,
« par trois samedis de suite, et comment avant le
« troisième samedi nous abordâmes en Chypre. Le

« légat me crut et fit crier les trois processions dans
« le camp par trois samedis..... Avant le troisième
« samedi vint le comte de Poitiers, et il n'était pas
« besoin qu'il fût venu auparavant; car, dans l'inter-
« valle des trois samedis, il y eut une grande tempête
« en mer devant Damiette. »

La science, telle que les modernes l'ont faite, n'ad-
met point ces interruptions de l'ordre naturel; du
moins elle n'en a jamais constaté; et, transformant
en loi le résultat empirique d'une expérience qui depuis des siècles n'a reçu aucun démenti dans aucun
de ses domaines, elle fonde là-dessus toutes ses doctrines et toutes ses pratiques. De la science, cette
grande notion s'infuse peu à peu dans les diverses
couches des sociétés civilisées.

Pour quiconque jette un coup d'œil attentif sur les
associations psychologiques, il n'est pas douteux que
le développement moral ne tienne par un lien étroit
au développement scientifique. La science donne à
l'esprit rectitude et impartialité; rectitude par le vrai
qu'on atteint, impartialité pour les résultats toujours
finalement acceptés, bien qu'ils choquent opinions,
préjugés, croyances. Or la rectitude et l'impartialité
ont une étroite affinité avec la justice qui, en définitive, est la régulatrice des choses sociales. C'est ainsi
que le vrai et le bon, le progrès scientifique et le progrès moral se donnent la main, et que les sociétés
acquièrent, dans leurs rapports entre elles et avec
leurs membres, plus d'équité et plus de bonté.

L'antiquité a vu sur le trône un empereur philosophe; le moyen âge y a vu un saint roi. Sans doute

le roi n'est pas un philosophe, mais l'empereur ressemble beaucoup à un saint. C'est que l'empereur et le roi furent captivés l'un par le côté moral de sa philosophie, l'autre par le côté moral de sa religion. Ils ne furent, ni l'un ni l'autre, des génies politiques qui modifient les choses sociales, préparent les voies des peuples et devancent le temps. Ils ne furent pas non plus inégaux à leur tâche, et un tendre respect entoure la mémoire de ces deux hommes excellents qui, sévères uniquement pour eux-mêmes, n'eurent, dans les tentations du pouvoir, que la tentation du bien. Mais combien la situation de l'un et de l'autre est différente ! L'un, maître du monde civilisé, est solitaire dans son élévation ; pas d'États frères qui fassent corps avec le sien ; son sénat n'est qu'une ombre ; les soutiens de son trône ne sont que des fonctionnaires, et au septentrion s'amasse un orage de nations et d'hommes qui emportera l'empire, tout puissant qu'il est. L'autre est membre d'un vaste corps politique qui embrasse l'Europe entière et où les opinions, les croyances, les intérêts sont solidaires ; les institutions féodales régissent la société, et les barons se pressent autour de leur suzerain ; point de barbares à l'horizon ; seulement, dans l'avenir, une transformation qui, sans rupture et sans rien de pareil à la catastrophe impériale, amènera une civilisation plus développée.

L'acte reprochable dans la vie de saint Louis est sa seconde croisade. Quand il en fut question, Joinville, qui n'est suspect d'avoir manqué ni de foi dans sa religion ni de dévouement à son saint roi, refusa de l'y suivre : « Je fus beaucoup pressé par le roi de France

« et le roi de Navarre de me croiser. A cela je répon-
« dis..... que, si je voulais agir au gré de Dieu, je
« demeurerais ici pour aider et défendre mon peuple;
« car, si je mettais mon corps dans les aventures du
« pèlerinage de la croix, là où je verrais tout clair
« que ce serait pour le mal et le dommage de
« mes gens, je courroucerais par là Dieu, qui mit
« son corps pour sauver son peuple. » C'étaient là
les vrais conseils de la religion commandant à
Louis IX de faire son office de roi en demeurant
pour le bien de son peuple, et non d'aller chercher
au loin les mérites d'un pèlerin dévot. Mais une
étroite préoccupation du salut l'emporta dans son
esprit et le poussa aux rivages de l'Afrique. Du
moins, homme généreux qu'il était, n'hésita-t-il
point à courir les dangers de la mer, de la guerre,
de la peste, et à donner sa vie pour sa dévotion, bien
différent en cela de celui de ses arrière-descendants
qui, désireux de faire son salut, mais, comme dit
Saint-Simon, aimant à le faire aux dépens d'autrui,
s'ôta toutes les inquiétudes de sa conscience en li-
vrant aux supplices, aux galères, aux dragonnades,
à la spoliation, des hérétiques profondément tran-
quilles et tout dévoués à sa personne.

Dans ces lointaines expéditions il arriva que des
barons et des chevaliers, las d'une longue absence,
s'en revinrent à tout prix sans s'inquiéter de la *gent
menue* qu'ils avaient emmenée. Joinville avait été mis
en garde contre ce méfait : « Monseigneur de Bou-
« laincourt, mon cousin germain (que Dieu absolve!),
« me dit, quand je m'en allais outre-mer : Vous vous

« en allez outre-mer, fit-il, or prenez garde au re-
« tour ; car nul chevalier, ni pauvre ni riche, ne peut
« revenir qu'il ne soit honni, s'il laisse aux mains
« des Sarrasins le menu peuple de Notre-Seigneur,
« en compagnie duquel il est allé. » Aussi, quand
saint Louis, délivré de captivité, délibéra avec son
conseil s'il devait rester en la terre sainte ou retourner en France, Joinville opina-t-il fortement pour que
que le roi restât ; car, s'il s'en va, les pauvres prison-
niers qui ont été pris au service de Dieu et au sien
ne seront jamais rendus. Le roi suivit le conseil le
plus honorable ; il renvoya ses frères ; mais, quand il
songea au retour, il avait obtenu des Sarrasins la dé-
ivrance ou procuré le rachat de plusieurs milliers de
captifs qui étaient demeurés entre leurs mains.

Joinville, baron féodal, sénéchal de Champagne,
chevalier croisé, même ami de Louis IX, serait profondément oublié comme tant d'autres barons, séné-
chaux et chevaliers, s'il n'avait songé à réchauffer ses
vieux ans de ses vifs souvenirs de familiarité avec le
saint roi et de guerre avec les *félons* Sarrasins. « Ce
« n'est pas un livre écrit à tête reposée, dit M. de
« Wailly dans sa préface, et qui trahisse nulle part
« l'étude ou le calcul ; c'est une longue déposition
« dictée et comme improvisée, depuis la première
« page jusqu'à la dernière, par un témoin qui s'aban-
« donne au courant naturel de ses souvenirs. Il ne
« s'agit pas pour lui d'être éloquent, mais de laisser
« parler sa mémoire, son cœur, son imagination, sa
« conscience surtout, d'où la vérité jaillit comme de
« source. Il ne l'épargne à personne, pas même au

« clergé qu'il respecte profondément, ni au saint roi
« qu'il a tant aimé sur la terre avant de le vénérer
« dans le ciel. Quiconque ne l'a pas lu ne connaît
« véritablement ni saint Louis ni le treizième siècle.
« Son histoire est du petit nombre de celles qu'au-
« cune autre ne peut remplacer, et les meilleures ne
« sauraient apporter plus d'instruction, mériter plus
« de confiance ni exciter plus d'intérêt. » Ce n'est
pas pour décourager, c'est bien plutôt pour encou-
rager l'étude de nos anciens textes que M. de Wailly
a écrit sa version. Il compte que Joinville aura de la
sorte plus de lecteurs et que, parmi ceux-là, quelques-uns auront le désir de faire connaissance avec
l'original. J'y compte aussi. Je l'ai déjà dit plus d'une
fois : pour un Français qui a quelque teinture des
lettres, apprendre le vieux français est chose facile et
qui n'exige que l'exercice, prolongé pendant quelque
temps, d'une lecture assidue et réfléchie. On s'ouvre
ainsi l'accès à toute une littérature qui autrement demeure lettre close ; et, en vérité, pour quiconque connaît l'antiquité classique et l'ère moderne, n'est-ce
pas une lacune préjudiciable historiquement de ne
rien savoir sur l'époque intermédiaire sans laquelle
l'antiquité semble n'avoir pas d'issue, et l'ère moderne pas d'origine ?

VI

POËMES D'AVENTURES

Sommaire. — Dans le recueil d'articles que j'ai intitulé *Histoire de la langue* (t. I, p. 256), est un morceau consacré à la poésie épique dans la société féodale, c'est-à-dire aux chansons de gestes ; ici il s'agit des poëmes d'aventures qui forment une classe à part dans la poésie narrative du moyen âge. Le fond et la forme les distinguent des chansons de geste : celles-ci ont pour objet le cycle carlovingien, ou quelques grands faits historiques, soit des temps anciens, soit des autres âges, de sorte qu'elles reposent toujours sur un fonds historique, réel ou supposé ; les poëmes d'aventures sont des inventions complétement-libres et tout à fait comparables aux romans modernes. La versification diffère aussi : les chansons de gestes sont en couplets mono-rimes et en vers décasyllabiques ou alexandrins ; les poëmes d'aventures sont en vers de huit syllabes, rimant deux à deux. Cette forme, en tant que consacrée à la narration, existe encore dans la poésie anglaise ; Byron a versifié ainsi le *Giaour* et le *Siége de Corinthe*. Par ce côté les poëmes d'aventures se confondent avec ceux de la Table-Ronde, dont les vers sont aussi octosyllabiques et à rimes plates ; mais le sujet les en sépare, les poëmes de la Table-Ronde n'étant pas moins liés au cycle de Bretagne et d'Artus que les chansons de gestes le sont en général au cycle carlovingien. Quelque libre que paraisse la fiction, elle y est pourtant bornée en un cercle très-restreint d'aventures, de descriptions et de sentiments. Ce cercle nous représente les goûts qui prévalaient dans la société d'alors et qui déterminaient les inventions des trouvères ; les traits essentiels qu'il renferme, la dévotion à Dieu et à la Vierge, la chevalerie et l'amour des dames, formaient le caractère du moyen âge, en ce qu'il a d'idéal.

I. — *Robert le Diable* [1].

On a quelquefois pensé que le type de Robert le Diable de la légende avait été Robert Courte-Heuse, fils

1. *Histoire littéraire de la France*, t. XXII, p. 879 (1852).

de Guillaume le Conquérant. Les historiens du temps ont, en effet, peint Robert avec des couleurs fort défavorables. Exilé de la cour du duc, ayant encouru la malédiction paternelle, il désolait, avec d'autres jeunes gens de sa trempe, la Normandie et particulièrement la frontière par ses incursions et ses rapines; il s'ensuivit des maux infinis; les fils de la perdition prévalaient par la ruse et la violence contre les innocents et les hommes désarmés. Mais à côté de ces méfaits de Robert Courte-Heuse, se trouvent son voyage en Terre sainte, son séjour en Italie, son mariage avec une princesse de ce pays, et enfin son long emprisonnement, circonstances qu'on a mises en parallèle avec la pénitence de Robert le Diable. Toutefois ces raisons ne me paraissent pas suffisantes pour qu'on voie véritablement dans le héros du roman une image du fils de Guillaume. Les seigneurs oppresseurs et tyranniques n'ont pas manqué pendant plusieurs siècles : et souvent aussi, après une vie pleine de violences, des hommes sont allés chercher, dans une sévère pénitence, le rachat d'actions qui pesaient sur leur conscience et les inquiétaient pour l'avenir d'une autre vie.

C'est une pensée de ce genre qui a inspiré à nos aïeux un roman, un mystère et un dit. Le dit, le mystère et le roman s'accordent tout à fait, sauf en un point : dans le roman, qui est le plus ancien, la pénitence va jusqu'au bout, et Robert, absous de ses péchés, n'en refuse pas moins la main de la fille de l'empereur, afin d'achever sa vie dans une retraite où il gagne le renom de saint; au contraire, dans le dit et dans le mystère, les auteurs, trouvant sans doute une pareille fin trop rude, l'ont adoucie, et ont permis au converti de rentrer dans tout l'éclat de la vie mondaine.

Une certaine duchesse de Normandie, mariée depuis plusieurs années, ne pouvait avoir d'enfants. En vain elle s'adressait à Dieu, à la Vierge et à saint Pierre ; ses prières et ses offrandes ne produisaient rien. Elle voyait de pauvres femmes qui redoutaient même de devenir mères, chargées de famille ; et elle qui possédait un si grand avoir, demeurait *brehaigne*, c'est-à-dire stérile. Un pareil spectacle lui suggère les mêmes réflexions qu'au Garo de La Fontaine ; elle trouve que les choses pourraient être mieux arrangées ; elle va plus loin, et, dans son chagrin, elle suppose que Dieu a perdu tout pouvoir dans le gouvernement du monde :

> Pour proiere, ne pour promesse,
> Ne pour proier à sainte messe,
> U je vous ay tant sermonné,
> Ne m'avés nul enfant donné.
> Je cuich que pooir n'en avés,
> Et que si estes meschavés
> Que chil qui dyable ont esté,
> Vos ont tolu vos poesté,
> Que vos soliés devant avoir.
> Tout avés perdu vo savoir.
> Dyables, fait elle, empenés,
> Proi vous que d'enfant m'assenés ;
> Car pooir en avés greignour
> De Jhesu Christ nostre Seignour.
> De vostre part le vuel avoir,
> Soit à folie u à savoir.

(Pour prière, ni pour promesse, ni pour prier à sainte messe, où je vous ai tant invoqué, vous ne m'avez donné d'enfant. Je crois que

vous n'en avez pouvoir, et que vous êtes si déchu que ceux qui ont
été les diables vous ont enlevé le pouvoir que vous aviez auparavant;
vous avez perdu tout votre savoir. Diable, dit-elle, qui souffrez
peine, je vous prie de m'accorder un enfant; car vous en avez plus
grand pouvoir que Jésus-Christ notre Seigneur ; de votre part je veux
l'avoir, soit à folie, soit à sagesse.)

Ses vœux ne sont que trop exaucés; elle a un enfant,
mais cet enfant fera son tourment, et elle souhaitera
longtemps de n'en avoir jamais eu. Robert, dès les
premiers temps de sa vie, manifeste son naturel per-
vers : il bat, il mord, il égratigne les nourrices. Un
peu plus grand, il n'est point de méchancetés qu'il
ne commette sur tout ce qui l'approche. Plus grand
encore et mis aux lettres, il assomme de coups de
bâton ses maîtres, il leur fend le ventre avec un cou-
teau. C'est surtout aux tonsurés qu'il en veut : si un
clerc se hasarde près de lui, il est bientôt victime de
ses fureurs. A vingt ans, il quitte la maison paternelle, réunit une bande de larrons et désole avec eux
le pays, attaquant de prédilection les abbayes, les
ermitages, les sanctuaires. Cependant, tandis qu'il
croît ainsi en perversité, il croît en force et en beauté ;
nul homme n'est d'aussi haute taille, nul n'a des
membres aussi vigoureux, nul n'est aussi bien fait
de sa personne.

Contre un pareil scélérat les plaintes s'élèvent de
toutes parts. Le roi, au désespoir, songe à le faire
mettre à mort. Affligée de cette résolution extrême,
la duchesse conseille de l'armer chevalier, espérant
qu'un tel honneur amenderait les funestes dispositions
de son fils. Le conseil est suivi; Robert est chevalier;
mais, dans le tournoi même qui est donné pour cette

occasion, et où sa force prodigieuse le rend vainqueur, il se conduit comme si c'était mortelle guerre ;
il veut couper la tête à ceux qu'il abat :

> On ne li puet tant courre seure
> C'on li puist tolir ne resqueure
> Ceulz qu'il abat morir ne face ;
> Ains qu'il se meuve de la place,
> Le jour en occist plus de trente ;
> Chiaulx d'autre part si espavente,
> Que li plus encontrer ne l'osent.

(On ne lui peut tant courir sus ni si vite venir à la rescousse,
qu'il ne fasse mourir ceux qu'il abat ; avant de quitter la place, il
en occit en ce jour plus de trente ; et il épouvante tellement les
autres, qu'ils n'osent plus jouter contre lui.)

Après ce tournoi, Robert en va chercher d'autres
en Bretagne, en France, en Lorraine, et partout il se
comporte d'une façon déloyale et féroce. La chevalerie
ne l'a, on le voit, nullement amendé. A son retour, il
reprend sa vie de vol, de viol et de meurtre ; et le dernier exploit que le trouvère raconte de lui est le sac
d'une abbaye de femmes ; il égorge tout, et sort de là
dégouttant de sang, la face tachée, les mains rougies.
C'est en cet état qu'il se rend à Arques, où réside la
duchesse sa mère. Dès qu'on le voit, tout s'éloigne,
tout disparaît ; personne ne se présente pour lui tenir
son cheval. Cette solitude où on le laisse le frappe, et
il se demande pourquoi, quand il songe à bien faire,
une autre pensée l'assaille et le porte à des actions
félonnes, à la haine de Dieu et de la messe.

C'est une heureuse idée du trouvère de n'avoir mis
aucun intervalle entre l'état le plus criminel et la rési-

piscence. Un caractère aussi forcené ne devait avoir aucune oscillation entre l'extrême fureur et l'extrême soumission. A ce moment, en effet, commence la réflexion sur lui-même. Pourquoi est-il si méchant? Une telle perversité lui vient-elle de naissance? Sa mère n'en est-elle pas coupable? Pour s'éclaircir de ses doutes, il entre chez la duchesse l'épée nue, et il la menace de la tuer sur-le-champ,

> Se vous esraument ne me dites
> Pourquoi je sui si ypocrites,
> Et si plein de male aventure.

(Si vous aussitôt ne me dites pourquoi je suis si méchant et si plein de male aventure.)

La mère, ainsi pressée, lui raconte toute l'histoire de sa naissance, comment c'est le diable qui le lui a donné, comment Dieu lui est complétement étranger, et comment ce fils, qui est venu de l'enfer où sont tous les méchants, y retournera.

Un tel récit pénètre Robert de deuil et de honte. Aussi déterminé dans le bien que dans le mal, et résolu à priver le diable de cette proie que l'enfer devait regarder comme sienne, il jette son épée, se coupe les cheveux, et part pour Rome, en quête d'une pénitence assez âpre pour effacer ses crimes. C'est au pape qu'il veut se confesser; mais il n'est pas facile d'approcher du pape. Toutefois l'*apostole* (c'est l'ancien nom du pape) a coutume d'aller chanter la messe dans une chapelle, où on ne laisse entrer personne. Robert s'y glisse, échappe à la surveillance des gardiens, et, quand le pape va sortir, il s'étend devant

les pieds du saint homme, lui embrassant les jambes
de ses bras. Les huissiers veulent l'assommer sur
place; mais l'*apostole* intercède, et Robert lui conte sa
disgrâce et le grand besoin qu'il a de secours spirituels.

Il y avait, non loin de Rome, en une vallée écartée,
un dévot ermite dont la piété avait été utile à maint
pécheur. C'est là que l'*apostole* adresse Robert, lui
donnant une lettre pour le recommander à l'homme
de Dieu, qui indiquera la pénitence à subir. L'ermite,
à la vue de la lettre du pape et au récit de la vie de
Robert, ne se sent pas capable de trancher un tel cas;
mais, touché jusqu'aux larmes de la componction de
celui qui l'implore, il demande à Dieu de parler lui-
même, et de faire *enseigne et demonstrance*. Le miracle ne tarde pas; une lettre arrive d'en haut, qui
contient les instructions nécessaires.

> Quand les ot liutes, si fu liés,
> Con s'il tenist Dieu par les piés.

(Quand il les eut lues, il fut aussi joyeux que s'il tenait Dieu par
les pieds.)

Malgré sa joie, cette pénitence lui paraît si dure, qu'il
doute que Robert veuille l'accomplir; mais Robert est
prêt à tout pour *rescourre* son âme du diable qui la
réclame. Trois commandements composent cette pénitence : d'abord faire le fou, et, comme tel, se prome-
ner tous les jours dans la ville, de manière à s'attirer
des coups de bâton, des coups de pied et de poing;
secondement rester muet, ne pas prononcer une
parole, quoi qu'il arrive, jusqu'à ce que l'ermite le

relève de cette injonction; finalement, ne rien manger qui n'ait été pris à la gueule d'un chien.

Cette pénitence, que l'ermite juge si terrible, est accueillie avec transport par Robert, heureux de voir enfin s'ouvrir devant lui une espérance. Il sait maintenant comment il peut se racheter ; sa voie est tracée ; ses cruelles incertitudes sont dissipées, et, s'il a la même fermeté, le même caractère indomptable dans la pénitence que dans le crime, il sera pardonné. Tout donc dépend de lui, et aussitôt il se met à l'œuvre. Tenant à la main un bâton dont il menace chacun, sans *férir* cependant, et vêtu à manière de fou, il entre dans Rome, où bientôt il est entouré, bafoué, battu. Il supporte tout sans mot dire, et, quand il n'en peut plus, il se réfugie au palais de l'empereur. Là encore les huissiers l'assomment pour l'empêcher de passer ; mais il passe. L'empereur a pitié de ce pauvre fou, et le laisse sous sa table, d'autant plus que bientôt le genre de folie auquel Robert est en proie excite la gaieté du prince. On lui donne un morceau de viande ; mais, au lieu de le prendre, il le laisse saisir à un limier qui est là, et auquel il le dispute alors et finit par l'arracher. Ainsi s'écoulent les jours du fils du duc de Normandie ; il sort par la ville où on le bat, revient disputer au limier sa pitance sous la table de l'empereur, ne dit pas un mot, et va *gésir* en un réduit avec le chien.

Un événement vient interrompre la monotonie de cette pénitence. Les païens envahissent l'Italie. Il y avait un sénéchal qui était l'appui de l'empire par sa vaillance ; en ce moment il était brouillé avec l'em-

perceur, parce que celui-ci lui avait refusé sa fille, qui
était muette de naissance, mais belle à merveille. Il
faut bien cependant, en l'absence du sénéchal, aller
combattre; et l'on aurait eu du pire sans l'arrivée
inopinée d'un chevalier aux armes blanches, qui pour-
fend tout, disperse tout, et donne aux Romains une
victoire complète. Ce chevalier était Robert, à qui un
messager céleste, en lui apportant une armure, avait
commandé d'aller prendre part au combat. Aussitôt
après la bataille, il rentre en son réduit, auprès de
son chien, disputant de nouveau la viande sous la
table de l'empereur. Les coups qu'il a reçus dans
le combat lui ont fait enfler le visage. L'empereur
croit qu'on a battu son fou. La princesse seule l'a
vu se revêtir des armes, et revenir tout poudreux;
elle essaye de dire ce qu'elle a vu; ses femmes,
qui la comprennent, expliquent son langage à l'empereur. Mais les femmes et l'empereur regardent
comme une extravagance ce qu'elle raconte ainsi par
signes.

Tout rentre dans la vie accoutumée, sauf les
païens, qui recommencent leurs incursions. Cette fois
l'empereur veut savoir qui est le chevalier aux armes
blanches, si ce chevalier vient encore à son aide; et,
à cet effet, il dispose dans un bois un *aguet* de trente
chevaliers, chargés d'arrêter l'inconnu quand il voudra disparaître. Les Romains sont près de succomber;
le guerrier espéré se montre, et aussitôt la fortune
change; les païens fuient, et les Romains sont vainqueurs. Les gens embusqués essayent d'arrêter Robert, mais il leur échappe; un seul le suit d'assez près

pour lui asséner un coup de lance qui, au lieu d'atteindre le cheval comme c'était l'intention de cet homme, atteint Robert à la cuisse. Le bois se rompt, et le fer reste dans la plaie.

Le pénitent rend ses armes au messager céleste, cache sous terre le fer qu'il a retiré de sa blessure, et se traîne comme il peut à la table de l'empereur. Celui-ci croit encore qu'on a maltraité son fou; sa fille, qui a tout vu, veut encore le tirer de son erreur; et le père la traite encore de visionnaire. Mais il s'occupe sérieusement de rechercher son sauveur et celui de son peuple. Suivant le conseil de ses barons, il promet sa fille et la moitié de son empire au chevalier qui se présentera à lui avec des armes blanches, une blessure à la cuisse et le fer de lance. A cette nouvelle, voyant que personne ne réclame le prix proposé, le sénéchal conçoit l'idée d'une fraude. Il se fait faire des armes blanches, se blesse à la cuisse, se munit du fer dont il s'est blessé, et vient en cet état devant l'empereur. Aucun doute ne s'élève : les armes, la plaie, le fer, tout concorde. Le sénéchal explique qu'il s'est tenu caché à cause de sa querelle avec son maître. On appelle le chevalier qui était de l'*aguet*, et qui a laissé le fer de sa lance dans la cuisse de Robert. Ce chevalier ne reconnaît point sa lance, mais, séduit par la faveur qui accueille le sénéchal, il n'ose dire la vérité. A ce point, un miracle, qui devient nécessaire, intervient : la princesse muette recouvre soudainement la parole, et démasque le chevalier félon qui veut se parer de la gloire d'autrui. Mais si ce n'est pas le sénéchal, qui est-ce donc? s'écrie-t-on de toutes parts. « C'est votre fou, dit la princesse; c'est celui qui arrache au chien sa nourriture, c'est celui qui ne prononce aucune parole, c'est celui qui gît en une niche avec le limier. » Et là-dessus, elle va déterrer le fer de lance, qui, pour cette fois, est bien reconnu par le chevalier de l'*aguet*. On presse Robert de dire son nom ; on l'accable de marques d'honneur et d'amour, on lui offre l'empire, la main de la princesse; mais rien ne peut tirer un mot de lui. L'*apostole* même, dont on invoque l'intervention, n'est pas plus heureux. Robert reste muet, ne devant ouvrir la bouche que quand l'ermite lui en donnera la permission. Cette permission arrive, le pape s'étant souvenu d'avoir recours au saint homme. Robert alors raconte son histoire, comment il est fils du duc de Normandie, comment il a été enfanté par l'intercession du diable, comment il a commis d'énormes crimes, et comment il travaille à les racheter par la pénitence.

Sur ces entrefaites apparaissent quatre barons normands, qui étaient justement en quête de Robert. Ils lui apprennent que son père et sa mère sont morts, que la guerre est dans son pays, et que tous l'attendent pour y rétablir la paix. Mais ni le duché de Normandie, ni l'empire de Rome, ni la main de la belle princesse, ne peuvent le décider à rentrer dans le monde. Il veut préserver son âme chétive, il veut ne pas perdre paradis, et pour cela il est bien résolu à vivre avec l'ermite et à ne jamais quitter son ermitage. Ainsi fait-il; Robert enterre l'ermite et vit longuement encore, révéré de tous ceux qui venaient vers lui chercher des consolations et des prières :

En la fin morut el bosquage
Là où il ert en l'ermitage.
Cil de Rome, quant il le sorent,
Al plus bel que il onques porent,
Vinrent par grant devotion
Por lui o la procession.
De l'ermitage l'ont mis fors,
A Rome emporterent le cors.
Enterré l'ont à Saint Jehan,
Celui que l'on dit de Latran,
Si com entre el moustier à destre ;
L'enfouirent et clerc et prestre ;
Là est, là gist, et là remaint,
Encore y est, encore y maint,
Fors tant que je puis oï dire
Qu'à Rome ot puis un grant concire :
Gens i vinrent de pluseurs terres,
Et fisent paix de maintes guerres.
A cel concile ensi avint
K'uns riches quens del Pui i vint.
De saint Robert enquist la vie ;
Si en a la tombe ravie,
L'oissemente qu'il y trouva,
Plus d'avoir porter ne rouva ;
En son païs revint arriere.
Près del Pui, sor une riviere
El non Robert, qu'à Rome prist,
Une riche abbeye y fist ;
Abbé y mist, moines et prestres,
Car moult glorieux iest li estres
Encore est l'abbie moult bele,
Saint Robert tous li mons l'apele.

(En la fin il mourut au bocage où il était en l'ermitage. Ceux de
Rome, quand ils le surent, dans le plus bel appareil qu'ils purent,
vinrent par grand' dévotion le chercher avec la procession. Ils ont
tiré le corps de l'ermitage et l'emportent à Rome ; ils l'ont enterré
à Saint-Jean, celui que l'on dit de Latran, à l'entrée du moutier à
droite. Clercs et prêtres l'enfouirent. Là il est, là il gît, là il reste,
encore y est, encore y reste. Si ce n'est que j'ai ouï dire qu'à Rome
il y eut un grand concile, gens y vinrent de plusieurs terres, et firent

paix de leurs guerres. Il advint qu'à ce concile se trouva un puissant
comte du Puy; il s'enquit de la vie de saint Robert ; et, ravissant la
tombe, il s'empara des ossements qu'il y trouva ; ce fut tout le trésor qu'il voulut emporter. De retour en son pays, il fit une riche abbaye près du Puy, sur une rivière, au nom de Robert qu'il avait
pris à Rome ; il y mit abbé, moines et prêtres, car le sanctuaire est
très-glorieux ; c'est une très-belle abbaye, que tout le monde appelle
Saint-Robert.)

Ce roman, dont la langue appartient au treizième
siècle, ne porte pas de nom d'auteur. On remarquera
seulement que l'anonyme prend plaisir à célébrer un
monastère de Saint-Robert, situé dans le voisinage de
la ville du Puy. La légende qu'il a mise en vers se
trouve en prose, avec quelques variations peu importantes, dans les Chroniques de Normandie, lesquelles
paraissent être de la fin du même siècle. Depuis lors,
elle a été répétée bon nombre de fois en français, en
anglais, en espagnol. J'ajouterai qu'elle n'a pas été
jugée indigne d'imitation par un illustre écrivain
d'Italie. Manzoni, dans ses *Fiancés,* a fait un épisode
de l'histoire d'un grand seigneur qui, après une vie
chargée de violences et de crimes, se précipite dans la
réforme et la pénitence, converti par une influence
soudaine et par la parole du saint archevêque de Milan. C'est ainsi que tant de types du moyen âge, créations poétiques de nos aïeux, vivent dans des œuvres
modernes qui les ont rajeunis.

II. — *Flore et Blanchefleur*[1].

Un certain roi païen, Felis, ravageait les côtes du pays des chrétiens. Dans le butin se trouva une dame de noble parage, qui allait en pèlerinage « au baron « saint Jacques l'apostre; » elle s'y était vouée,

> Ains qu'elle issit de la contrée,
> Por son ami qui mors estoit
> De cui remese encainte estoit.

(Avant de sortir du pays, pour son ami qui était mort et de qui elle était restée enceinte.)

Le roi, de retour *à Naples, à la cité belle* (cette cité de Naples est en païennie), donna la *mescine* à la reine, sa femme, qui en fit sa favorite, et apprit d'elle le français. La reine et la chrétienne accouchèrent le même jour, la reine d'un fils, la chrétienne d'une fille. Les deux enfants, Flore et Blanchefleur, nourris et élevés ensemble par la captive, croissaient en taille, en beauté, en gentillesse, et surtout en amour mutuel; et, quand il fallut, comme dit le romancier, *à letre aprendre*, Flore refusa, s'il n'avait pour compagne sa chère Blanchefleur :

> Sans li ne puis je pas apprendre,
> Je ne saroie lechon rendre.

On lui accorde sa demande, et les deux petits amoureux font des progrès étonnants :

1. *Histoire littéraire de la France*, t. XXII, p. 818 (1852).

> Et quant à l'escole venoient,
> Lor tables d'yvoire prenoient.
> Adont lor veïssiés escrire
> Letres d'amors sans contredire,
> Et de cans d'oisiaux et de flors,
> Letres de salus et d'amors.
> Lor graffes sont d'or et d'argent,
> Dont il escrisent soutiument.
> D'autre cose n'ont il envie;
> Moult par ont glorieuse vie.
> Ens en un an et quinze dis,
> Furent andoi si bien apris
> Que bien sorent parler latin,
> Et bien escrire en parkemin,
> Et consillier, oiant la gent,
> En latin, que nus nes entent.

(Et quand ils venaient à l'école, ils prenaient leurs tablettes d'ivoire. Adonc vous les verriez écrire lettres d'amour sans contredit, lettres de chants d'oiseaux et de fleurs, lettres de saluts et d'amour. Leurs poinçons sont d'or et d'argent, dont ils se servent adroitement. D'autre chose ils n'ont envie et ils mènent glorieuse vie. En un an et quinze jours ils furent tous deux si bien appris, que bien ils surent parler latin et écrire en parchemin, et converser en présence des gens, sans que personne les comprenne.)

Le roi s'inquiète d'un attachement aussi profond; et, prévoyant que, devenu homme, Flore ne voudra d'autre femme que Blanchefleur, il déclare qu'il va faire trancher le chef à la fille de la captive. Mais la reine craint que cette mort ne cause celle de Flore, son fils, et elle conseille au roi de séparer les deux enfants, et d'envoyer le petit prince étudier à Montoire. C'est à propos de ce Montoire qu'un autre trouvère a mis dans la bouche de Flore une chanson pleine de tristesse et de douceur, chanson publiée par M. Paulin Paris à la suite du roman de *Berte aux grands pieds*. La reine recommande au roi diverses précautions pour que Flore ne se doute pas de l'intention qu'on a en l'éloignant;

> Car il sont bon devineour
> Tout cil qui aiment par amour.

(Car ils sont bons devineurs, tous ceux qui aiment par amour.)

Mais la passion de Flore déconcerte tous ces projets; à Montoire, il n'étudie pas, il ne se distrait pas;

> En non caloir a mis sa vie.

(Il ne se soucie plus de sa vie.)

On craint qu'il ne meure de chagrin, et il faut le faire revenir. Le roi reproche à la reine le peu de succès du moyen qu'elle a suggéré; pour lui, il en evient à sa première idée :

> Faites le moi tost demander,
> Jà lui ferai le cief couper.
> Quant mes fix morte le sara,
> En peu de tans l'oubliera.

(Faites-la moi tôt demander; je lui ferai couper le chef; quand mon fils la saura morte, en peu de temps il l'oubliera.)

La reine intercède de nouveau pour la pauvre Blanchefleur; il est convenu qu'on la vendra à des marchands qui l'emmèneront au loin, et l'on dira à Flore que son amie est morte. Pour donner plus de créance à ce mensonge, le roi et la reine font construire une magnifique tombe à la prétendue défunte. Ce monument, qui était fait par *nigromance*, est décrit avec

beaucoup de détail; description que M. Paulin Paris a
publiée à part.

Flore revient, et sa première demande est de son
amie, de sa *drue,* suivant l'expression antique. Il
s'adresse à la chrétienne :

> « Dame, fait-il, ù est m'amie? »
> Cele respont : « El n'i est mie. »
> — « U est? » — « Ne sai. » — « Vous, l'apelés. »
> — « Ne sai quel part. » — « Vous me gabés.
> « Celés le vous? » — « Sire, non al. »
> — « Par Diu, fait-il, cou est grant mal ! »

(Dame, dit-il, où est mon amie? Elle répond : Elle n'y est pas. —
Où est-elle? — Je ne sais. — Appelez-la. — Je ne sais où l'appeler.
— Vous me moquez; la cachez-vous? — Sire, non certes. — Par
Dieu, dit-il c'est grand mal.)

Il faut enfin lui dire la funeste nouvelle. Le désespoir
du jeune homme est excessif. On le mène visiter le
tombeau; on essaye de le distraire; on fait venir un
enchanteur qui, par son art, produit des spectacles
merveilleux et charme tout le monde, excepté Flore.
Celui-ci ne songe qu'à mourir; diverses tentatives de
suicide portent au comble l'inquiétude de ses parents.
A ce point, on se décide à lui avouer la vérité; on lui
ouvre le tombeau, et le tombeau se trouve vide. Flore
alors n'a plus d'autre idée que de courir à la recherche
de Blanchefleur; du consentement de son père, il
s'équipe pour cette entreprise.

A toutes les étapes de ce long voyage, la même
aventure se reproduit toujours : l'hôte ou l'hôtesse
remarque la profonde tristesse de Flore, et lui apprend
que peu de temps auparavant a passé par là une jeune

dame non moins affligée que lui. Cheminant ainsi de renseignements en renseignements, dont l'uniformité ne coûte guère d'efforts d'invention au trouvère, il arrive à Babylone, où Blanchefleur a été vendue au sultan. Ce sultan entretient, dans une tour, sept-vingts pucelles. Au bout de chaque année, il fait trancher la tête à celle qu'il avait prise pour femme, et il en choisit une autre, qui est de même, pour un an, reine couronnée, et qui, le terme fatal venu, est de même sacrifiée.

Voilà Flore dans Babylone, et bien embarrassé de se trouver ainsi sans conseil et sans connaissances dans cette grande ville, dont le trouvère décrit les merveilles. Le doute et l'hésitation qui le tourmentent ne sont pas mal représentés dans un dialogue entre le *courage*, qui veut le faire retourner sur ses pas, et *l'amour*, qui l'engage à persévérer.

> Fait il (le courage) : Tu ne connois la gent,
> Flores ; ton consel ù diras,
> Comment oirres, et que quis as ?
> Se te descuevres, fols seras.
> Par aucun l'amiraus l'orroit,
> Qui ta folie conistroit.
> Se il l'ooit, toi feroit prendre,
> Et en après noier u pendre.
> Fais que sages : arriere va,
> Tes peres feme te donra
> Del miex de trestout son barnage,
> Pucele de grant parentage.
> Amors respont : J'oi grant folie.
> Raler ? Et ci lairas t'amie ?
> Dont ne venis tu por li querre,
> Et çà es venus de ta terre ?
> Dont ne te membre de l'autrier,

Que del graffe de ton graffier
Por li ocirre te vousis?
Et or penses de ton païs?
Et se tu sans li i estoies,
Voelles ou non, ça revenroies.
Porroies tu dont sans li vivre?
Se tel cuides, dont es tu yvre.
Tos l'ors del mont ne tos l'avoir
Ne te feroit sans li manoir.
Remain ci : que sages feras.
Puet estre encor le raveras.
N'est mie legiere à garder
La beste qui se veut embler.
S'ele t'i set, engien querra.
S'ele puet, à toi parlera.
Maint engien a amors trové,
Et avoié maint esgaré.
Li vilains dist que Diex labeure,
Quant il li plaist, en moult peu d'eure.

(Le courage lui dit : Tu ne connais la gent, Flore ; où diras-tu
ton projet, ce que tu fais, ce que tu cherches? Si tu te découvres, tu
seras fou; l'émir l'apprendrait par quelqu'un qui connaîtrait ta folie ; s'il l'apprenait, il te ferait prendre, et puis après noyer ou pendre.
Fais que sage ; retourne en arrière, ton père te donnera une femme
du mieux de toute sa baronie, pucelle de grand parentage. Amor,
répond : J'entends grand'folie. Retourner? et ici tu laisseras ton
amie? N'est-ce donc pas pour la chercher que tu es venu de ta terre?
Ne te souvient-il pas de l'autre jour où du poinçon à écrire tu vou-
lus te tuer pour elle? Et maintenant tu penses à ton pays? Et si tu y
étais sans elle, voulant ou non voulant, tu reviendrais ici. Pourrais-
tu donc vivre sans elle? Si tu le crois, tu es ivre. Tout l'or du monde
et tout l'avoir ne te ferait demeurer sans elle. Reste ici, tu feras que
sage. Peut-être encore tu la rauras. N'est pas aisée à garder la bête
qui se veut sauver. Si elle te sait ici, elle cherchera engin ; elle te
parlera si elle peut. L'amour à trouvé maint engin et mis en bon
chemin maint égaré. Le vilain dit que Dieu opère, quand il lui plaît,
en bien peu d'instants.)

C'est très-souvent en invoquant le témoignage du

vilain que, dans les romans en vers, un proverbe est
amené. Ici encore le vilain a raison : Dieu travaille
vite en faveur de Flore. Instruit par son hôte, qui a
pris, comme tous les hôtes précédents, intérêt à lui,
Flore se met en devoir de pénétrer jusqu'à Blanchefleur. La tour est gardée par un portier vigilant et
redoutable, qui a pourtant un faible; c'est le goût
des échecs. Flore vient faire semblant de mesurer la
tour; le portier sort en courroux, le *met à raison*, et,
satisfait des explications du jeune homme, l'invite à
jouer aux échecs. Il perd, mais Flore lui fait cadeau
de l'enjeu; cela se renouvelle souvent, et finalement
Flore l'accable tellement de présents que le portier,
ébloui, s'agenouille devant lui et se déclare son
homme. A peine a-t-il prononcé le serment, que Flore
le requiert de l'introduire dans la tour. Malgré le
péril, le portier, lié par sa promesse, fait passer le
jeune homme dans un grand panier de fleurs.

Le panier, au lieu d'arriver à l'adresse de Blanchefleur, arrive à celle de Gloris, jeune pucelle du nombre
des sept-vingts enfermées dans la tour; mais Gloris,
d'abord épouvantée, ne tarde pas à comprendre de
quoi il s'agit, et voilà les deux amants réunis. Leur
joie est inexprimable, et telle que, malgré toutes les
précautions de la sage Gloris, ils sont bientôt surpris
par le soudan. Une mort immédiate va être leur châ-
timent. Mais le prince de Babylone se ravise; il veut
savoir qui est Flore, comment il est entré dans la tour,
et il le fait comparaître devant ses barons. Ce délai
sauve les jeunes gens. Il y a entre eux assaut de dévouement; un anneau magique, remis à Flore par sa

mère, est jeté par l'un et par l'autre, attendu que cet anneau n'en peut sauver qu'un, et que ni Flore ne veut vivre si Blanchefleur périt, ni Blanchefleur si Flore est tué. Ce combat émeut les barons du soudan ; ils intercèdent ; un sage évêque (nous n'en sommes pas moins en terre de païennie) élève la voix, et le soudan fait grâce. Bientôt après, des messagers arrivent, qui annoncent à Flore la mort de son père ; il retourne en son royaume. Par amour pour Blanchefleur, il se fait baptiser, détermine ses barons à suivre son exemple, et entraîne toute sa gent. Quant à celui

> Qui le baptesme refusoit,
> Ne en Diu croire ne voloit,
> Flores les faisoit escorcier,
> Ardoir en fu, u detrencier.

(Qui refusait le baptême et ne voulait croire en Dieu, Flore le faisait écorcher, brûler en feu, et trancher.)

C'étaient des moyens fort analogues de conversion qu'on employait à l'égard des Albigeois, à peu près dans le temps où l'auteur écrivait son poëme. En effet, la langue dont il se sert, comme on en peut juger par les citations, paraît appartenir au treizième siècle. La publication d'une vieille traduction allemande est venue, sinon déterminer une date, au moins nous apprendre quelques particularités qui ne sont pas sans intérêt. Konrad Fleck, poëte allemand, a composé vers l'an 1230 une traduction du roman français de *Flore et Blanchefleur*. Il nous informe que le texte français, mis en allemand par lui, est de Robert d'Orbent. Ce nom, qui paraît altéré, est d'ailleurs complétement inconnu. Le fait est que nous n'avons plus l'ori-

ginal sur lequel Fleck a fait sa traduction. Il y a, de
ce même original, une autre traduction, en langue
flamande, due à Diederic van Assenede, traduction
faite aussi sur un texte français. Or, celle-ci et celle
de Fleck sont tout à fait concordantes, et diffèrent, en
plusieurs points notables, du poëme français que nous
possédons actuellement. De ces faits on tire la conclusion que le poëme français actuel est un remaniement d'une leçon plus ancienne, aujourd'hui perdue,
qui était sous les yeux de Fleck et de Diederic. On
sait, en effet, que ce récit d'aventures a été fort goûté
par nos aïeux ; de France il a parcouru toute l'Europe ;
outre l'imitation de Boccace, il y en a des traductions
dans la plupart des idiomes du moyen âge, et même
en grec moderne.

Nous devons à un savant allemand une édition de
ce poëme, exécutée avec le plus grand soin, et qui
fait un véritable honneur aux connaissances de
M. Bekker en ce genre d'érudition. Nous voudrions
voir appliqués aux textes français du moyen âge des
procédés de critique qui ont si bien réussi pour les
textes grecs et latins. C'est dans cette intention que
nous signalons ici quelques vers de *Flore et Blanchefleur*.

On lit dans le texte imprimé :

Totes sont *cargiés* les brances.

Cela ne peut pas être ; *branche* est du féminin. Le
manuscrit n'avait point d'accent, et il faut lire *cargies*
(chargées), la terminaison *ie* pour *ée* étant fort commune.

La même observation sert à rectifier une autre fausse leçon :

> Por moi est el *jugié* à mort.

Lisez *jugie,* et la phrase redeviendra correcte.

Les accents mal placés sont une plaie des éditions de nos vieux textes. Il est dit d'un enchanteur :

> Les *bués* faisoit en l'air voler.

Bués serait dissyllabique, et le vers se trouverait faux. L'accent doit être effacé; il reste alors *bues,* qu'on doit prononcer comme nous prononçons encore le mot *bœufs ;* car *ue* était l'ancienne manière d'écrire le son que nous représentons aujourd'hui par *eu.*

Quand on prononce mentalement ou de vive voix, comme cela semble écrit, *cuer*, au lieu de *cœur*; *suer*, au lieu de *sœur ; puet*, au lieu de *peut ; vuet*, au lieu de *veut ; il muert,* au lieu de *il meurt; trueve,* au lieu de *treuve,* comme a dit encore La Fontaine, on est complétement désorienté, il semble qu'un abîme nous sépare de l'ancien français. Mais quand une prononciation correcte a fait disparaître ces sons étranges, les deux idiomes, le vieux et le moderne, se trouvent beaucoup plus près l'un de l'autre que l'orthographe ne l'avait fait supposer d'abord. L'orthographe est, en toute langue, une convention. Pour l'ancien français, on perd la clef de cette convention, toutes les fois qu'on s'attache uniquement à la valeur individuelle des lettres, sans s'occuper de la valeur que nos pères donnaient aux diverses combinaisons littérales.

Un des meilleurs moyens de se préserver de ce
genre d'erreur, c'est d'être bien persuadé que la prononciation moderne représente essentiellement la
prononciation ancienne. S'il est vrai (et cela est incontestable) que le grec moderne a fidèlement conservé
bon nombre des vieilles articulations, à plus forte
raison cela est-il vrai de la transmission qui s'est faite
de nos aïeux à nous, transmission qui est d'une bien
moins longue durée, et où ne sont pas intervenus
d'aussi grands bouleversements que pour la Grèce.
Depuis la plus ancienne formation du français, nulle
conquête étrangère n'est venue altérer la tradition de
notre langage.

Rapprocher les deux idiomes est un procédé qui,
sans être inutile au français moderne, facilite notable-
ment l'étude du vieux français, et en augmente l'intérêt et le charme.

III. — *Barlaam et Josaphat.*

Le titre est allemand[1], mais l'œuvre est française.
Gui de Cambrai est un trouvère; *Barlaam et Josaphat*, une composition versifiée dans le langage de
la France du nord; mais c'est la Société littéraire

1. *Barlaam und Josaphat*, ein französisches Gedicht des drei-
zehnten Jahrhunderts von Gui de Cambrai, herausgegeben von Hermann Zotenberg und Paul Meyer. Stuttgart, 1864. « *Barlaam et
Josaphat*, poëme français du treizième siècle, par Gui de Cambrai,
publié par Hermann Zotenberg et Paul Meyer. » (*Journal des Savants*, juin 1865.)

de Stuttgart qui a publié l'édition préparée par MM. Zotenberg et Meyer. Essentiellement vouée aux anciennes lettres de l'Allemagne, la Société n'écarte pourtant pas les anciennes lettres de la France : c'est ainsi qu'ont vu le jour l'*Alexandre* et le *Renaut de Montauban*, par les soins de M. Michelant, et les poésies de Jean de Condet, par ceux de M. Tobler.

Barlaam et Josaphat est un roman grec en prose, composé, au cinquième ou au sixième siècle de l'ère chrétienne, par un moine nommé Jean, duquel on ne sait rien davantage. Traduit très-souvent en latin, imité en français et en d'autres langues vulgaires, il a été un thème d'édification pour l'Occident tout entier. C'est en effet un roman de piété où la fuite du monde, le mépris des grandeurs, la haine des plaisirs, la vanité de la vie terrestre et le prix infini de la vie éternelle sont mis en action et recommandés à l'âme chrétienne. Mais il faut en donner une brève analyse pour en faire comprendre l'origine, qui est singulière.

Abenner (en grec Ἀβεννήρ, dit en français *Avenir* par Gui de Cambrai, ce qui est exactement la prononciation qu'un Grec de nos jours donnerait à ce nom), Abenner, dis-je, était roi de l'Éthiopie intérieure ou Inde (l'auteur se sert des deux termes). Ce roi, beau, vaillant, riche, puissant, adorateur zélé des faux dieux, ennemi ardent de la foi chrétienne, n'avait, dans ses prospérités, qu'un chagrin, c'était d'être sans enfants. Mais ce chagrin ne devait pas durer : un enfant lui naît, d'une beauté merveilleuse ; jamais on n'avait vu son pareil dans le pays ; il fut nommé

Joasaph, dont l'Occident fit *Josaphat*. A la fête de sa naissance, le roi rassembla cinquante-cinq sages versés dans les sciences des Chaldéens, qui prédirent .que le jeune prince serait grand en richesse et en puissance, et surpasserait tous ses prédécesseurs. Un seul déclara qu'il s'agissait d'une autre seigneurie, d'une autre royauté que celle du roi Abenner, et que le nouveau-né serait chrétien. « Ainsi parla l'astro-« logue, dit le texte grec, comme l'ancien Balaam ; « non que l'astrologie dise la vérité, mais Dieu voulut « montrer la vérité par ce qui y est opposé, et ôter « ainsi toute excuse aux impies. »

Cette prédiction coupe la joie que le roi avait de la naissance d'un fils. Dans toutes les légendes de ce genre, la sagesse humaine, ainsi informée de l'avenir, prétend le détourner ; mais les précautions prises contre la fatalité ou contre la Providence ne font qu'assurer l'événement redouté. Abenner bâtit un palais isolé de toutes parts ; il l'embellit de mille manières ; il le remplit de serviteurs jeunes et beaux ; là son fils sera élevé sans aucune communication à l'extérieur, et dans l'ignorance que le monde ait autre chose que beauté, richesse, santé, plaisir.

C'est en cette résidence que le jeune homme grandit dans toutes les perfections du corps et de l'âme ; et, bien que personne ne lui eût dit qu'il était reclus, il comprit que c'était l'ordre de son père qui le confinait ainsi. Pressé de questions, un des serviteurs lui révéla qu'on l'avait mis dans cet isolement pour le préserver de la contagion du christianisme, que son père poursuivait à outrance. Le mot entra

profondément dans la mémoire du jeune homme. Un
souci rongeant s'empara de son cœur ; et, découvrant
à son père le chagrin auquel il était en proie, il obtint
de franchir les murailles de son palais, et de réjouir
son âme du spectacle des choses qu'il n'avait pas encore vues.

Dans une de ses sorties, il rencontre un estropié et
un aveugle. « Qui sont ces gens dont la vue est si pé-
« nible? — Ce sont des gens affectés de maux qui ne
« sont pas rares dans la condition humaine. — Tous
« les hommes y sont-ils sujets? — Non, ceux-là seu-
« lement chez qui les humeurs se pervertissent. — Si
« tous les hommes ne sont pas atteints, peut-on savoir
« d'avance qui le seront?—Non, le secret en est supé-
« rieur à la connaissance humaine et su seulement
« des dieux immortels. » Plus tard, c'est un vieillard
courbé par les ans et voisin de la tombe qui se présente à ses yeux. Là le prince apprend que tous les
hommes parcourent les âges de la vie, et que ceux
qui ne sont pas prématurément enlevés arrivent, sans
exception aucune, à la vieillesse et à la mort.

Le jeune homme était intelligent et réfléchi. Un
dégoût infini le saisit de cette vie amère ; il disait à
lui-même : « Quand la mort me saisira-t-elle? Qui
« gardera mémoire de moi après le trépas, puisqu'il
« livre tout à un oubli éternel? Serai-je dissous dans
« le néant? ou bien est-il une autre vie et un autre
« monde ? »

A cette âme blessée arrive le secours. Le moine
Barlaam, mû par une impulsion divine, demande accès auprès du jeune prince, sous prétexte de lui mon-

trer une pierre précieuse de vertu souveraine pour
donner la sagesse aux hommes dont le cœur est aveugle, les oreilles fermées et l'esprit troublé ; mais
ceux-là seuls peuvent en soutenir l'aspect et en
recevoir le bienfait, qui ont la vue saine et le corps
pur. Ces derniers mots, rapportés au prince, ont
éveillé en lui une espérance secrète. Il fait entrer le
moine ; aussitôt les mystères du christianisme lui sont
déroulés, la foi le saisit et il reçoit le baptême.

Pendant qu'il se livre aux transports et aux exer-
cices de la piété, le fatal secret arrive aux oreilles du
roi. Un courroux aussi vif que son chagrin le saisit ;
mais, comme il aime trop son fils pour sévir contre
lui, il demande conseil à un de ses fidèles, qui imagine de simuler une dispute solennelle des religions
dans laquelle le champion des chrétiens, corrompu
d'avance, se laissera vaincre ; et, de la sorte, le jeune
homme rentrera dans le giron des croyances antiques. Le stratagème est adopté ; mais il tourne contre
ses auteurs. Celui qui joue le rôle de faux chrétien,
contraint par la puissance divine, défend malgré lui
la vérité et la fait triompher. Les suppôts des faux
dieux, Grecs, Égyptiens, Indiens, Chaldéens, ainsi
que les Juifs, qui ne veulent pas reconnaître Jésus
Messie, sont confondus ; et le jeune prince, bien loin
d'être ébranlé dans sa foi, y est confirmé par cette
aventure. On remarquera qu'il n'est pas question
des musulmans. On est en droit d'en conclure que
la composition de ce roman est antérieure à Mahomet.

Ni les théâtres, ni les combats de chevaux, ni la

chasse, ni tous les vains plaisirs qui trompent la jeunesse et perdent les âmes folles, ne font impression sur Josaphat ; son cœur est blessé de l'amour divin, et nul autre amour n'y peut pénétrer. C'est maintenant en effet le tour de la tentation par la volupté. Le roi reçoit le conseil de mettre son fils aux prises avec de jeunes et belles femmes et de triompher de sa foi par sa chute. Mais le jeune homme était pourvu d'une armure à l'épreuve des traits que lançaient ces femmes rassemblées pour le séduire. A l'amour il oppose l'amour, l'amour divin à l'amour humain, aux beautés terrestres qui l'entourent l'éternelle beauté du Christ en qui il espère. La tentation est vaincue, et l'âme vierge demeure en sa pureté.

Il ne reste plus qu'une victoire à remporter, c'est la victoire sur la pourpre, la grandeur et le pouvoir de la terre. Tout a changé : le roi Abenner lui-même a rendu les armes, il est devenu chrétien, et son peuple avec lui. Bientôt même il meurt, et la couronne passe à son fils ; mais ce n'est pas pour la garder qu'il la reçoit.

> L'esprit de la prière et de la solitude,
> Dans ce qu'aux yeux mortels la terre a de plus rude[1],

l'appelait, et il obéit. Quittant le trône malgré les instances et les pleurs de ses sujets, il alla rejoindre au désert son maître Barlaam. Aucun retour du monde qu'il avait fui ne le troubla ; sa jeunesse l'avait rejeté ; sa vieillesse le tint en mépris. Pendant trente-cinq

---

1. Lamartine, *Harmonies*, I, 11.

ans, la plus dure pénitence, le dépouillant de la chair, fit sa vie semblable à celle des anges.

Cette esquisse a laissé de côté les épisodes et les paraboles qui abondent dans le roman. En voyant un jeune prince indien, doué de toutes les perfections du corps et de l'âme, que saisit le dégoût des choses passagères, et qui s'éprend du goût des choses éternelles, qui secoue comme une souillure la volupté et la grandeur et qui trouve la satisfaction suprême dans la vie rigoureuse des ascètes, on est tenté de songer à Bouddha, que les livres sacrés du bouddhisme, bien longtemps avant le christianisme, représentent avec tous les caractères attribués par notre roman à Josaphat. C'est en effet au prince ascète, au pieux *mouni*[1] réformateur du brahmanisme qu'il faut songer. Un érudit allemand, M. Liebrecht, entrant dans le détail, a montré qu'outre cette ressemblance générale si frappante, il y avait des ressemblances particulières décisives : ainsi plusieurs des fables insérées dans le roman se retrouvent dans des compositions bouddhistes, et de longs passages du *Barlaam et Josaphat* sont textuellement conformes à des passages correspondants du *Lalitavistara* ou Vie de Bouddha. Il faut reconnaître que, sans les notions récemment acquises sur l'Inde et sur le bouddhisme, il eût été impossible de supposer une origine indienne à un livre si vraiment chrétien.

Ainsi vont les idées et les récits des hommes.

---

1. Les *mounis* sont des personnages sages et saints, participant plus ou moins de la nature divine.

L'humble moine, nommé Jean, du monastère de Saint-Saba (ce n'est pas Jean Damascène, car, comme on a vu, le *Barlaam et Josaphat* est antérieur à l'islam) voulut faire un livre de piété ; il y a réussi ; son livre a édifié l'Orient et l'Occident. Traduit en différentes langues orientales, il le fut aussi en latin ; c'est donc un livre important ; et cependant ce fut seulement en 1832, qu'un illustre savant, Boissonade, ramassant dans les bibliothèques bien des pages négligées, tira de l'oubli le texte grec qui est l'original et le mit dans les mains du public.

L'imitation en vers français que viennent de publier MM. Zotenberg et Meyer est une des preuves du succès qu'eut le livre. Les éditeurs sont gens habiles, et un texte revu par eux est bien revu ; aussi la critique y a-t-elle à discuter plus qu'à relever ; dans un poëme du treizième siècle, on trouve toujours à discuter, soit par le défaut de nos connaissances incomplètes, soit par les erreurs de la main des copistes.

D'abord quelques émendations se présentent, travail minutieux mais non dépourvu d'utilité.

> Moyses, ki lor maistre fu,
> Lor anoncha tout lor salu,
> Mais molt petit i entendirent,
> Par mescreanche se trahirent,
> N'entendirent pas son casti
> N'en Moyses n'en Sinaï.
> Escrit lor loy tout en figure,
> Chou nous raconte l'escripture (p. 203).

Je ne comprends qu'imparfaitement ce passage. Dire que les Juifs n'entendirent les reproches de Moïse (*son*

casti) ni en Moïse, ni en Sinaï, n'est pas acceptable ;
et puis *escrit* reste sans sujet. Je lirais, mettant un
point après *casti* et supprimant le point après Sinaï :

> Nes Moyses en Sinaï
> Escrit lor loi...

(Moïse, qui fut leur maître, leur annonça tout leur salut, mais
ils l'entendirent bien peu, et, se trahissant par leur mécréance, ils
n'écoutèrent pas ses reproches. Moïse même en Sinaï écrivit leur loi
tout en figure ; c'est ce que nous raconte l'Écriture.)

Le vieillard que le jeune prince rencontre est ainsi
décrit :

> Poil ot fronchié, corbe escine,
> Cief ot kenu, fache frarine,
> Dens aguares et de chiaus poi,
> Les levres priès mortes de soi,
> Jambes falies, foibles bras,
> Li pis est haus, li ventres bas,
> Iex enfossés, agus li nés (p. 27).

Le premier vers n'y est pas ; il serait facile de le cor-
riger en lisant *corbe l'escine ;* mais là n'est pas la correction, et le vers est plus malade qu'il n'en a l'air ;
qu'est-ce en effet que *poil fronchié?* Le poil ne se
fronce, ne se ride pas ; d'ailleurs le vieillard n'a presque
plus de cheveux. Lisez *pel ot fronchie,* « il eut la peau
« froncée, ridée, » ce qui est d'ailleurs une locution
connue et ce qui rend au vers le nombre de syllabes
voulu.

Ce n'est pas tout : *aguares* n'est pas, je pense, un
mot de la langue. Si on le lit en deux : *a guares,* on
donne à *guares* le sens de « peu, » qu'il n'a pas. Je

pense qu'il faut : *dens n'a guares* ou *gueres*. *Chiaux*, monosyllabe, de *capillus*, me paraît une contraction si insolite, qu'un vers, qui d'ailleurs présente des vices de lecture, ne peut m'en être garant. Je supprimerais donc *et :*

Dens n'a guares, de chiaux poi.

(Il eut la peau ridée, le dos courbé, le chef chenu, la face misérable ; il n'a guère de dents, pas de cheveux ; les lèvres sont comme mortes ; les jambes lui manquent, les bras sont faibles ; la poitrine est haute, le ventre bas, les yeux enfoncés, le nez pointu.)

A la même page, le jeune prince ayant écouté ceux qui lui ont expliqué ce que c'est qu'un vieillard, le texte porte :

Cil lor respont à la personne :
Quele est la fins de cel viel homme?

Je pense qu'il y a une faute d'impression, car *personne* ne rime pas avec *homme*. En tout cas, lisez : *à la parsome*, qui signifie « en somme, finalement. »

C'est encore une faute d'impression que je soupçonne dans un passage où est décrit, non sans imagination, l'état d'aridité de l'âme du jeune prince avide de la rosée du ciel.

Se auchun sage recouvroie,
Molt volentiers de lui oroie
Auchun conseil de mon salu.
Car grant piecha m'eüst valu
Bone semence en moi esparse ;
Par moi n'en ert bruslée n'arse ;
N'iert entre pieres n'entre espines ;
Ains li ferai bien ses rachines

Croistre del cuer et de la pluie.
Assés est plus amers que suie,
Maistres, quant nul homme se truis,
Ki aighe traie de mon puis (p. 36).

Au lieu de *se truis*, lisez *ne truis* : « quand je ne
trouve aucun homme. »

(Si j'avais près de moi quelque sage, j'écouterais bien volontiers
ses conseils sur mon salut. Car depuis bien longtemps m'eût profité
bonne semence en moi éparse ; en moi elle ne sera ni rouillée ni brû-
lée, ni entre pierres ni entre épines. Mais j'en ferai bien croître les
racines par le cœur et par la pluie. C'est , maître, une amertume
pire que celle de la suie, de ne trouver personne qui tire l'eau de
mon puits.)

Les manuscrits ne connaissant pas l'apostrophe,
c'est quelquefois une difficulté de bien ajuster les petits mots qui la comportent dans notre orthographe
moderne.

Se tu ne vels mon consel croire,
Je te di bien, ce n'est la voire,
Plus te harai que nul el mont (p. 151).

Ce n'est la voire signifie : « ce n'est la vérité ; » or,
au contraire, le sens demande : « c'en est la vérité ; »
je lis donc, déplaçant l'apostrophe : *c'en est la voire.*

(Si tu ne veux mon conseil croire, je te dis bien, et c'est vérité,
je te haïrai plus que nul au monde.)

Un serviteur, qui n'a pas dit au roi tout ce qui se
passe chez le prince, est dans une mortelle inquiétude :

Molt a le cuer et triste et noir ;
Sor son cors a mis molt fort lime,

22

Car sa pensée ki li lime
Le cuer et ret par là dedens ;
Or est souvins, or est endens,
Or gist, or plaint, or se souspire (p. 29).

Il manque au troisième vers quelque chose pour qu'il
y ait une phrase ; je pense qu'il faut suppléer *est :*

Car sa pensée est ki li lime
Le cuer. . . . .

Je n'aime pas non plus *endens*, et je lirais *adens*,
qui est encore usité dans nos campagnes : *adens*, sur
les dents, sur le ventre ; mais *endens*, dans les dents,
n'est pas correct.

(Il a le cœur et triste et noir ; il s'est mis sur le corps une lime
bien forte ; c'est sa pensée qui lui lime le cœur et le ronge par dedans. Tantôt sur le dos, tantôt sur le ventre, il gît, il se plaint, il
soupire.)

En épluchant, il serait facile de trouver des fautes
du manuscrit qui pourraient être corrigées ; mais
je laisse ce qui n'a guère que la valeur d'un errata et
je passe à la récolte que j'ai faite des mots qui me
sont inconnus. La liste n'en est pas très-courte. Je
commence par *deviner*, non notre verbe *deviner*,
mais un autre dont le sens est « tromper, égarer. »

Se l'estoire ne nous devine,
D'iluec estoit Dido roïne (p. 194).

Qu'est ici *deviner ?* D'où vient-il ? A-t-il quelque rapport avec notre mot populaire *débine ?*
Je ne suis pas moins arrêté par le mot *vout*, em-

ployé dans le passage où il est dit que tous les hommes, si la mort n'intervient, arrivent à la décré-pitude.

> Oïl, par foi, à tous avient,
> Se mors anchois ne les retient,
> Tout enviellissent et tout vout,
> Se mors anchois ne les retout (p. 27).

Mais *vout* n'est-il pas une fausse leçon? et n'est-on pas en droit de lire :

> Tout enviellissent et tout vont,
> Se mort anchois ne les retond.

(Oui, par ma foi, la vieillesse advient à tous, si la mort ne les retient auparavant; tous vieillissent, et tous vont, si auparavant la mort ne les coupe.)

Retondre n'est pas étranger à la vieille langue.

Je note sans réflexion les inconnus qui suivent :

Engenrée :

> La grant ire de sa pensée
> Li rent le cors à engenrée (p. 125);

à moins qu'on ne lise *engrotée,* maladie.

Correus :

> Repentans est et envious,
> Et correus et convoitous (p. 181).

Alamir :

> Che dist li cors (à l'âme) : si com jou croi,
> Tu n'as nule pitié de moi ;
> Car tu me lais trop alamir (p. 269).

Je l'ai déjà dit plus d'une fois, s'il existait un dic-tionnaire de notre vieille langue, plusieurs des ques-

tions que je laisse sans réponse en auraient une toute
faite. En attendant, je consigne ici, pour l'usage de
ceux qui s'occupent d'un dictionnaire de la langue
d'oïl, les mots que j'ignore. Je les consigne aussi
parce qu'ils me valent parfois des correspondances
intéressantes et d'utiles suggestions. Dans un article
sur *Hugues Capet* (*Journal des Savants*, février 1865,
p. 97), j'avais consigné *hunonée* comme un mot mettant en défaut toutes les analogies qui étaient à ma
disposition. A Hugues Capet mourant de faim, un
ermite sert des pommes et des racines :

> Quant li rois a moult bien la viande avisée,
> Lors a dit doucement et à basse alenée :
> Par mon chief, je n'ai pas apris ce hunonée ;
> Mais je dis cent mercis, qui l'avez présentée.

J'avais désespéré trop tôt. Un correspondant de Marseille, M. Cousinery, me signale dans le *Dictionnaire
provençal français* d'Honorat : *announa*, seigle,
froment, provisions; *annonat*, arrivé à maturité, et
il ajoute que *anonnarié* était, à Marseille, le nom
d'anciens magasins où l'on déposait les blés à vendre
ou leurs échantillons. Je crois que ces données fournissent l'appui à une conjecture probable, et qu'on
peut lire dans Hugues Capet :

> Par mon chief je n'ai pas à pris ceste anonée.

C'est-à-dire, je n'estime guère cette provision; *anonée*
représentant, au féminin, l'*annonnat* provençal. *Anno-
née*, *announa*, *annonat* proviennent du latin *annona*,
récolte, provisions.

Quelques mots méritent d'être notés pour leur rareté ou leur forme.

A son origine, la langue d'oïl ne put manquer d'avoir le comparatif latin, qui se perdit de bonne heure ; cependant il en resta quelques vestiges : *greignor*, plus grand ; *gentior*, plus gentil ; *bellezor*, plus beau ; il faut y ajouter *belior* de notre poëme, qui est le comparatif de *bellus* :

> Si biaus estoit qu'en nule terre
> Ne convenoit belior querre (p. 11).

Certains dialectes ont eu de la tendance à supprimer la nasale dans les mots, par exemple, *efant* en Normandie pour *enfant*. On trouve de cette suppression plusieurs traces dans nos anciens textes. En voici une à ajouter : *esticele* pour *estincele* :

> Il vous a cuit de l'esticele
> Dont tout li crestien sont cuit.

Cuire avait, comme en latin *coquere*, le sens métaphorique de brûler, enflammer. Dans mon dictionnaire je n'ai cité des exemples d'*étincelle* qu'avec la nasale.

Par l'altération du texte, certains passages sont inintelligibles, du moins pour moi. Je me suis essayé sur quelques-uns. Il s'agit des seigneurs qui foulent les pauvres gens et les jettent dans les prisons pour en tirer de l'argent :

> De cordes de hart et de corre,
> De kaïnes (chaînes) et de carkans
> Les crucefient en lor bans (p. 131).

Je suis porté à prendre *corre* pour une forme de *coudre*,

noisetier; la *hart*, dont le sens propre n'est pas jusqu'à présent déterminé, serait ici l'osier, et cela signifierait : des liens d'osier et de coudrier.

Le roi Avenir, irrité de voir son fils obstinément chrétien, lui reproche tous les biens dont il l'a comblé :

> C'ai jou forfait, c'ai jou cachié
> C'est emeü par mon pechié ?
> Car ains peres, si com jou sai,
> Ne fit de fil ce que fait t'ai (p. 151).

Que veulent dire *emeü* et la phrase où il est? S'il venait d'*esmouvoir*, il serait écrit *esmeü*. Je propose, au lieu de *c'est emeü*, de lire *k'ait te neü*, qui t'ait nui; avec quoi le sens devient clair et coulant : qu'ai-je forfait, qu'ai-je pourchassé qui t'ait nui par mon péché? Au lieu de *ains*, je lirais *ainc*, un des équivalents de *onc*, traduisant : « Car jamais père ne fit pour son fils ce que j'ai fait pour toi. »

On pourra appeler, je n'en disconviens pas, minuties les choses ténues que je recueille dans nos vieux textes; j'aime mieux les nommer petits faits; du moins c'est en petits faits que j'essaye de transformer les minuties. Je lis p. 240 :

> J'ai fait, dist-il, tout ton commant,
> Mais ne me valt ne tant ne quant;
> T'ars est falie et tes consaus ;
> S'en est mon fil pris molt grans maus.
> Or ne sai mais quel conseil croire ;
> Car ten art cuidoi toute voire.

Pourquoi cité-je ces vers? C'est qu'ils présentent *ton art* dit une fois *t'ars* et l'autre *ten art*. En quoi cela m'importe-t-il? C'est que dans l'article sur *Hugues Çapet*, p. 99, essayant d'expliquer comment le solécisme qui unit un pronom possessif masculin avec un nom féminin (*ton âme*, *ton épée*, autrefois, *t'âme*, *t'épée*) avait pu s'introduire vers le quatorzième siècle, malgré la syntaxe et malgré un usage déjà séculaire ; j'ai prétendu que la forme piçarde *men, ten, sen,* qui se prenait pour le féminin, avait servi de transition; solécisme, à vrai dire, à peine possible en soi, et qui ne l'est devenu que parce qu'il s'est trouvé être presque une forme simplement dialectique. Ici *t'ars* dans un vers et *ten art* dans un autre (on sait qu'*art*, d'après le latin, est du féminin dans la langue d'oïl) nous mettent, en un même texte, les deux formes sous les yeux, et paraissent montrer l'origine de *mon, ton, son* à usage féminin, dans *men, ten, sen,* à usage féminin également. Le *ten art* que j'ai rapporté dans un vers d'ailleurs douteux, puisqu'il y faudrait probablement lire *cuidoie* au lieu de *cuidoi*, doit appartenir au copiste; l'auteur lui-même suit partout l'ancienne règle française pour les adjectifs possessifs.

On connaît l'heureux emploi que nos aïeux faisaient du substantif *rien*, signifiant chose, par exemple dans ce vers charmant :

> La douce riens qui bele amie a nom.

Gui de Cambrai n'a pas moins de charme, quand il dit en parlant des enfants :

> C'est une riens qu'on aime tant !

Ayant déjà cité quelques passages choisis uniquement parce qu'ils offraient matière à discussion, il faut maintenant donner, au moins une fois, à Gui de Cambrai, pleine carrière dans un morceau où apparaisse sa manière de penser et d'écrire. C'est une véhémente invective contre les rois et les barons :

> Trop se fient en lor baillie,
> Mais malvaise est la signorie...
> Et Dex, ki passion souffri,
> Ara grant tort, s'il a pitié
> Des haus barons qui sont jugié
> Par lor meïsme jughement,
> Quant il font mal à poure gent.
> Ha ! signer, car vous repentés !
> Felon baron, car esgardés
> De vos ancestres qui mort sont !
> Car l'escripture nous despont,
> Ki chi ne fait que faire doit
> En ceste vie mort rechoit.
> On dit Herodes et Noirons
> Et Pylates et Lucions
> Estoient mort, mais c'est mençoigne,
> Que je vous di bien sans alonge
> Ke cent Herodes trouveroie
> Par le païs, se jes queroie.
> Pylates et Herodes vit,
> Car souvent sont à grant delit
> Et en Franche et en Lombardie.
> Car Herodes pas ne mendie
> Tant com li rois est à Paris ;
> Et Pylates, che m'est avis,
> Est molt sires de Vermendois.
> Hui cest jor n'est quens ne rois
> Ne soit Herodes en justiche
> U Pylates, par tel devise
> Que li baron qui hui cest jor
> Sont del malvais siecle signor,
> Se delitent en felonie,
> Tel pooir ont et tel baillie (p. 131).

(Ils se lient trop en leur puissance; mais mauvaise est leur seigneurie... et Dieu, qui souffrit passion, aura grand tort s'il a pitié des hauts barons, qui sont jugés par leur propre jugement, quand ils font mal à pauvre gent. Ha! seigneurs, répentez-vous; félons barons, considérez vos ancêtres qui sont morts. L'Écriture nous assure que qui ne fait ce qu'il doit faire en cette vie, reçoit la mort. On dit qu'Hérode, Néron, Pilate et Lucion sont morts; mais c'est mensonge, car je vous dis bien sans beaucoup de paroles, que je trouverais cent Hérodes par le pays, si je les cherchais. Pilate et Hérodes vivent; car souvent ils sont en grandes délices et en France et en Lombardie; certes Hérode ne mendie pas, tant que le rois est à Paris; et Pilate, à ce qu'il me semble, est grand sire en Vermandois. Aujourd'hui il n'est comte ni roi qui ne soit Hérode ou Pilate en justice; de telle sorte que présentement les barons sont les seigneurs du mauvais siècle, ils se réjouissent en félonie, tel est leur pouvoir, telle est leur seigneurie.)

Il n'épargne pas plus les gens d'Église qu'il n'a fait les barons.

Li siecles est trop deputaire
Et mal querans à grant desroi.
Li uns ne porte à l'autre foi.
Fois, Dex! c'est voirs, el est perie;
Car trahisons et felonie
L'ont fors du siecle piecha mise;
Et li prelas de sainte eglise
Sont hui cest jor prelas de mal;
Devenu sont symonial;
Chascuns qui a riens en baillie
Est mais Symons et symonie...
Li apostoiles, li legat,
Li archevesque, li prelat
Ont si droiture mise ariere
Ke fois, ki piecha gist en biere,
Ne lor ose riens contredire;
Tout li roiaume sont en pire...
Par les clers est venus li maus;
Nes en l'ordre de Clerevaus
Ne troveroit on mais un homme,

Ki voir disans fust sans mençoigne.
Hé! clergie, com tu ies basse!
De mal faire n'es tu pas lasse;
Mais de bien faire es tu lassée,
C'on n'en i puet trouver denrée.
Romme, com tu ies poi cremue!
Ta grans vertus qu'est devenue,
C'om par le mont redoutoit tant?
Molt pues avoir le cuer dolant,
Que deniers onques te vainki,
Ne de droiture te parti;
Or ies tu femme de bordel,
Ki por chainture u por aniel
Fait à l'omme tout son plaisir. . .
Tu commenchas le sacrement
Et le cors Diu premiers à vendre.
A toi doit on bien garde prendre,
Ki les Judas nous fais eslire.
De chou se plaint Dex nostre sire,
K'il est adiès par toi vendus
Et en la crois mil fois pendus (p. 289 et 290).

(Le siècle est trop corrompu et cherchant le mal avec grand désordre. L'un ne porte pas foi à l'autre. Foi, Dieu, c'est vrai, elle a péri; car trahison et félonie l'ont depuis longtemps ôtée du siècle. Les prélats de sainte Église sont aujourd'hui prélats de mal; ils sont devenus simoniaques; quiconque a quelque chose en son pouvoir est désormais simon et simonie... Le pape, les légats, les archevêques, les prélats ont tellement mis droiture en arrière que la foi, qui depuis longtemps gît en la bierre, ne leur ose rien disputer; tous les royaumes empirent... Par les clercs est venu le mal. Même dans l'ordre de Clairvaux on ne trouverait pas un homme qui parlât vrai sans mensonge. Hé! clergie, combien tu es basse! Tu n'es pas lassée de mal faire, mais tu l'es de bien faire, dont on ne peut trouver en toi parcelle. Rome, que tu es peu crainte! Qu'est devenue ta grande vertu, qu'on redoutait tant par le monde? Tu peux avoir le cœur bien dolent, de ce que l'argent t'a vaincue et t'a séparée de droiture. Maintenant tu es femme de bordel, qui pour ceinture ou pour anneau fait à l'homme tout son plaisir... Tu commenças d'abord à vendre le sacrement et le corps de Dieu; il faut se bien garder de toi qui nous fais élire des Judas. Dieu notre Seigneur se plaint qu'il est sans cesse par toi vendu et en la croix mille fois pendu.)

Ces déclamations contre le siècle et contre l'Église ne manquent pas de verve. *Rome femme de bordel* fait penser à Dante appelant l'Italie :

Non donna di provincie, ma bordello (*Purg.*, VI, 78);

et, quand, dans une parabole où l'enfer est comparé à une île, Gui de Cambrai parle *des perdus* qui y sont mis (p. 82), on pense encore à la *perduta gente* du poëte florentin. Ces similitudes, sans être aucunement des imitations, ne sont pourtant pas absolument fortuites entre des temps et des pays si voisins.

En effet, Gui de Cambrai n'est guère antérieur à Dante que d'une soixantaine d'années. L'érudition suit, comme le chasseur, une piste. Quelques noms consignés par Gui de Cambrai à côté du sien dans son poëme, ont permis aux savants éditeurs de circonscrire sa date en d'étroites limites. Il nous apprend que le texte latin de *Barlaam et Josaphat* lui fut prêté par un Jean, doyen d'Arras, qui aimait cette histoire, qui l'apporta en Arrouaise et qui était un homme de grande noblesse. On trouve, en effet, dans les documents, un Jean qui fut doyen d'Arras de 1200 à 1214, qui fut à la tête de l'abbaye d'Arrouaise en 1194, et qui était de l'ancienne maison de Beaumez, illustre par ses richesses et par l'éclat de ses alliances. C'est ce Jean qui remit le livre à Gui de Cambrai.

Suivant un usage dont on voit beaucoup d'exemples au moyen âge, Gui de Cambrai avait composé son *Barlaam et Josaphat* pour complaire à un vavasseur nommé Markais et à sa femme Marie. Or on trouve en 1228 un Guillaume, sire de Markais, chevalier, qui donna à l'abbaye de Saint-Laurent dix *mencaudées* de terre situées à Tilloy-lez-Cambrai, du consentement de son épouse Marie de Haplaincourt. Les noms et les qualités concordent.

Ainsi le poëme de Gui de Cambrai appartient à la première moitié du treizième siècle. Les éditeurs ont satisfait à tout ce que le lecteur peut exiger d'eux : bon texte, notes substantielles, éclaircissements sûrs. Nos bibliothèques leur devront un texte inédit du moyen âge, une de ces compositions que, pour ma part, je ne lis jamais sans intérêt; tant elles tranchent par l'ordre des sentiments sur celles de l'antiquité, tant elles font vivre avec l'époque qui les a enfantées, et tant elles annoncent, tout humbles qu'elles sont souvent, une nouvelle ère d'art et de beauté.

VII

MYSTÈRES

Sommaire[1]. — Il importe peu que ces mystères soient celtiques et des imitations; il importe seulement que ce soient des mystères, production qui fut propre au moyen âge et qui charma les peuples catholiques. Les nations romanes, reportées par l'invasion des barbares à une seconde enfance, recommencèrent l'ancien cycle poétique, et eurent leur développement épique d'abord, puis leur développement lyrique et dramatique. Pour que la scène passât du mystère au drame et devînt à la fois œuvre originale et œuvre de grand art, il fallait que l'esprit du moyen âge, continuant de puiser à ses sources naturelles, c'est-à-dire à son propre milieu, trouvât finalement les procédés scéniques qui convenaient à de si nouveaux sujets. Cela ne fut point donné à la France saisie, dans le quatorzième siècle et dans le quinzième, d'une décadence, d'une transformation, d'une transition qui lui ôta toute initiative, elle qui l'avait eue si grandement au début du moyen âge, ouvrant à tous l'ère épique de l'imagination. Deux nations, l'Espagne et l'Angleterre, retardées l'une par le travail de la contre-conquête sur les Arabes, l'autre par la nécessité de faire sa langue (l'anglais ne commence qu'au quatorzième siècle), s'éprenant du goût du théâtre à un moment où l'invasion de l'antique n'avait encore rien refoulé ni étouffé, puisèrent aux légendes gracieuses ou sombres de l'ère catholico-féodale et se firent une poétique appropriée à ces légendes. Nous avons chez nous deux pièces de ce genre, toutes deux provenant du théâtre espagnol; c'est le *Cid* de Corneille et le *Don Juan* de Molière. Il suffit de les rappeler à la mémoire pour montrer quel caractère aussi original que grand y est marqué, et combien elles tranchent pour le fond, pour la forme, pour la couleur avec tout le reste du même temps. Le *Cid* fut très-accueilli ; et, si Corneille, au lieu de rece-

1. *Le grand Mystère de Jésus, passion et résurrection,* drame breton du moyen âge, avec une étude sur le théâtre chez les nations celtiques, par le vicomte Hersart de la Villemarqué. 1 vol. Paris, Didier. — *The ancient cornish drama,* edited and translated by Mr. Edwin Norris. 2 vol. Oxford. — *Journal des Savants,* décembre 1865.

voir cette inspiration de seconde main, eût eu le goût des vieilles légendes et le sentiment de leur incompatibilité avec les formes du théâtre grec, la tragédie qui le mit en si haut renom eût pu avoir des sœurs, non moins dignes de mémoire. Mais l'antiquité, telle qu'on la comprenait, prévalut; et ainsi se forma l'art théâtral de la France au siècle de Louis XIV, art qui régna en maître pendant plus de deux siècles. Au dix-huitième siècle on traitait chez nous de barbares, Shakspeare et les vigoureuses productions du génie moderne, à l'issue du moyen âge; aujourd'hui l'on traiterait de barbare celui qui ne leur accorderait pas d'admiration; tant le goût, en s'étendant, s'est éclairé et perfectionné!

Toutes les nations chrétiennes, dans le moyen âge, ont eu des mystères. Sans doute le souvenir des jeux scéniques de Rome s'était conservé, du moins parmi les lettrés. Pourtant, lorsque le goût des représentations théâtrales se réveilla, ce ne fut ni réminiscence, ni imitation; tout naquit spontanément d'une source propre. Quand il n'y aurait eu, dans les siècles passés, en Grèce et en Italie, aucun théâtre, le théâtre chrétien du moyen âge n'en aurait pas moins apparu à son heure. Et à son heure, il pouvait s'ouvrir soit aux choses divines, soit aux choses humaines; assez d'homérides, sans un Homère il est vrai, avaient retracé les épiques aventures de Charlemagne et de ses preux; il n'y avait qu'à puiser à pleines mains dans ce trésor les grandes aventures et les hauts personnages; mais, de ce côté, tout resta muet. Ce furent les choses divines qui, seules, eurent le privilége de trouver des auteurs, des acteurs, des théâtres. La foule, la vraie foule, accourut à ces spectacles, et elle goûta une profonde et sincère émotion à voir, en simplicité, Adam, le paradis et la chute, la passion avec ses poignantes douleurs, la résurrection avec son triomphe sur l'enfer et sur la mort. Ainsi au moyen âge, comme en Grèce jadis, la religion donna la première impulsion au théâtre ; ceci est à noter, mais le parallèle ne peut aller plus loin.

Les nations celtiques ont eu aussi le goût des mystères. On donne le nom de celtiques à quatre groupes séparés les uns des autres, les Irlandais, les Écossais des hautes terres, les gens du pays de Galles et les Bas-Bretons. L'érudition a montré que leurs langues, voisines entre elles, méritaient vraiment le nom de celtiques, étant des échantillons modernes du parler qui régnait dans les Gaules, dans la Grande-Bretagne et dans l'Hibernie, avant que les invasions les eussent transformées. Partout ailleurs les Celtes ont disparu de la scène du monde ; et de cette race jadis si répandue et si puissante, puisqu'elle occupait la Gaule, la Grande-Bretagne et l'Irlande, et quelques parties de l'Italie et de l'Espagne, il ne resterait que des débris si la France, sous un autre nom il est vrai, et avec une autre langue, n'en représentait effectivement le rameau gaulois. L'invasion romaine laissa les Gaulois à leur place, et l'invasion germanique, différente en cela de ce qu'elle fut en Angleterre, ne chassa devant elle ni ne relégua les gens du pays ; elle ne fit que se superposer, de sorte que, sauf sans doute des points isolés, la loi d'hérédité fondit, de générations en générations, le plus petit nombre qui étaient les étrangers, dans le plus grand qui étaient les indigènes. Hors de là, et encore là avec ce notable sacrifice de la langue, les populations celtiques n'ont pu conserver une existence politique : elles sont unies à de grands corps qui les entraînent dans leur orbite. Au début du moyen âge, elles jetèrent beaucoup d'éclat : l'Irlande eut des saints qui vinrent éclairer la Gaule mérovingienne ; il partit des côtes britanniques de pieux missionnaires dont les noms sont inscrits dans les annales et dans la géographie de l'Armorique ; mais les conjonctures devinrent défavorables, et de siècle en siècle leur rôle s'est rétréci.

Les quatre langues celtiques se classent deux à deux : celles de l'Irlande et des Highlands, celles du pays de Galles et de l'Armorique. Le premier groupe diffère du second à peu près comme le grec diffère du latin. Dans chaque groupe, les ressemblances sont beaucoup plus considérables. M. Norris dit que l'irlandais et le highlandais ne diffèrent guère plus l'un de l'autre que l'anglais ne diffère de l'écossais des basses terres, et qu'un étudiant qui lit l'un trouvera peu de difficulté dans l'autre. Il en est de même entre le gallois et le bas-breton ; sans être aussi voisins que le sont l'irlandais et le highlandais, ils le sont peut-être autant que l'espagnol et le portugais. Le cornique, c'est-à-dire le parler du pays de Cornouailles, en Angleterre, dans lequel sont écrits les mystères publiés par M. Norris, était encore plus près du bas-breton que le gallois ; je dis *était*, car il y a maintenant près de deux cents ans que ce dialecte est complétement éteint : personne ne parle plus celtique en Cornouailles. C'est ainsi que dans l'Armorique on peut noter de grands espaces que le breton a abandonnés. Il est toute une partie de la Bretagne, Rennes, Saint-Brieuc, où l'on ne parle et ne comprend que le français ; et pourtant, si l'on examine la géographie, on voit que la plupart des noms de lieux y sont bretons.

L'érudition, en montrant que les langues néo-celtiques appartiennent à l'ancien celtique, a, du même coup, résolu une importante question d'ethnographie, et permis aussitôt de classer les Celtes parmi les populations qu'on est convenu d'appeler aryennes. En effet, ces langues portent des traces nombreuses et évidentes d'aryanisme. Ainsi en cornique *abrans*, en bas-breton *abrant*, en gaélique *abra*, sourcil, représentent le grec ὀφρύς, qui, avec l'épenthèse d'un ο bref, correspond au sanscrit *bhrû*, sourcil, et à l'anglais *brow*, front; rapprochements qui montrent aussi que le latin *frons* est de même origine. Le verbe substantif a, dans le celtique, cette particularité qui existe en sanscrit, en latin, en allemand et partiellement en grec, de prendre pour certains temps un thème qui a une *s*, et pour d'autres, un thème qui a *b* ou *f* : en cornique *os*, tu es, et *buf*, j'étais; en latin *es* et *fui*; en anglais *is* et *to be*; en sanscrit *asti* et *bhû*, être; en grec ἐστι et φύω, lequel φύω est le même que les formes en *b* ou en *f* ci-dessus notées, mais n'appartient pas, en grec, à la conjugaison du verbe substantif. Ces langues constituent donc un débris très-précieux de l'antique idiome parent des origines du grec, du latin, du germain, du sanscrit. Malheureusement, à part un très-petit nombre de courtes inscriptions gauloises, nous ne possédons aucun texte vraiment ancien; les plus vieux ne dépassent pas le huitième siècle de notre ère. Dans leur état actuel, une circonstance gêne l'usage qu'on en peut faire pour l'étymologie; les langues néo-celtiques sont infestées de mots latins et, sur le continent, de mots français, si bien que souvent, en y trouvant un mot qui est dans les langues romanes, on ne sait si elles ont prêté ou emprunté.

Le *Grand mystère de Jésus*, mis au jour par M. de La Villemarqué, contient deux parties, la passion et la résurrection. En 1530, un libraire breton, du nom de Quillévéré, en publia une édition à Paris, rue de la Bucherie, mais avec des lacunes. Une autre édition, à peu près complète, en fut donnée en 1622. C'est à l'aide de ces deux textes que M. de La Villemarqué a constitué le sien. Des observations comparatives avec différents textes bretons dont la composition est datée, le portent à croire que le *Grand mystère* appartient au quatorzième siècle; mais un critique, M. P. Meyer, comparant soigneusement le mystère breton à un mystère français analogue du quinzième siècle, a fait voir que le mystère breton était une imitation du mystère français. Jusqu'à présent donc on ne peut accorder, en ce genre, aux populations bretonnes, que d'avoir arrangé à leur usage les compositions de leurs voisins les Français.

Sur les drames corniques, M. Norris s'exprime à peu près de même. « La date de leur composition « n'est marquée nulle part, dit-il ; mais, par la condi- « tion du langage, par la forme des mots anglais qui « y figurent et par la comparaison avec un ancien « vocabulaire cornique du Bristish Muséum, on peut « inférer qu'ils ne dépassent pas beaucoup l'âge des « manuscrits qui les contiennent (le quinzième siè-

« cle); certainement ils ne doivent pas être assignés à
« une période plus ancienne que le quatorzième. »
Quant au sujet, il ajouté qu'il n'y a rien en ces
drames qui ne se trouve dans ceux qui ont été im-
primés en anglais, en français et en latin. L'ouvrage publié par M. Norris contient trois drames,
chacun affecté du nom liturgique d'ordinaire (*ordi-
nale*). Ils forment une trilogie, et, à la fin de la première et de la seconde pièce de la trilogie, le principal personnage qui se trouve en ce moment sur la
scène, invite l'assistance à revenir le lendemain ma-
tin de bonne heure pour entendre la pièce suivante.
Le premier ordinaire commence avec la création et se
continue par la tentation et la chute, la mort d'Abel,
la naissance de Seth, la construction de l'arche, le dé-
luge et la tentation d'Abraham, c'est le premier acte;
le second acte embrasse l'histoire de Moïse et l'exode;
le troisième, le règne de David et l'accession de Salomon, qui bâtit le temple. Le second ordinaire représente l'histoire du Christ depuis la tentation jusqu'à
la crucifixion. Le sujet du troisième ordinaire est la
résurrection et l'ascension. Mû par le désir de conserver ce presque unique monument de la langue cornique, M. Norris a donné de grands soins à son travail et fait preuve partout d'une érudition très-sobre,
mais très-sûre. Il a publié, à la suite des mystères,
un ancien vocabulaire cornique qui ne peut être plus
récent que le treizième siècle, et l'a éclairci en rap-
prochant de chaque article les formes galloises et ar-
moricaines qui s'y rapportent. Enfin les remarques
grammaticales qu'il a extraites de ses mystères sont

substantielles et utiles à ceux qui s'occupent des langues celtiques.

Si nos mystères celtiques ne sont pas originaux, du moins ils ont le mérite d'être épurés. Tandis que les mystères français et anglais du quinzième siècle abondent en grossièretés et en indécentes bouffonneries mises dans la bouche des personnages inférieurs, nos drames, tant bretons que corniques, sont à peu près purs de ce déplaisant mélange. « Le réalisme re-« poussant, le langage ordurier, les plaisanteries « ignobles des bourreaux de Jésus ou de leurs dignes « compères les démons, dit M. de La Villemarqué, « si fort du goût des sujets de Louis XI ou de Gilles « de Retz, n'auraient pas été supportés sur l'ancien « théâtre français. On n'en voit pas non plus de « traces sur l'ancien théâtre breton... Les maîtres « de la scène bretonne auraient cru manquer de « respect au divin sujet de leur inspiration drama-« tique en souillant l'oreille de leurs auditeurs par « des expressions dont le parfait naturel ne rachetait « nullement l'indécence. La piété, jointe à une cer-« taine délicatesse de cœur, dirigeait leur goût et « l'empêchait de s'égarer. » De son côté, pour les mystères corniques, M. Norris note qu'ils n'ont pas, autant que les mystères anglais, de ce grossier comique que les assistances du quinzième siècle aimaient tant.

Dans ces drames celtiques, c'est la piété et l'édification qui donnent le ton. Lazare, le ressuscité de l'Évangile, est triste, et sa sœur Marthe voudrait le voir se réjouir. « Marthe, ma douce et aimable

« sœur, cela n'est pas possible, répond-il. Pour-
« rais-je convenablement prendre un air gai dans
« la disposition d'esprit où je suis, depuis la tris-
« tesse et la misère, depuis les tourments et les
« peines que j'ai vus? En vérité, personne ne le
« croirait. » Il a vu les sept supplices pour les sept
péchés capitaux : une rivière glacée, fade et dégoû-
tante, où, sans miséricorde et sans pitié, on jette les
coupables; un gouffre bruyant, toujours sombre,
creusé par le Malheur, où les pécheurs sont mis en
pièces; une salle où l'on pousse mille cris, noire,
dure, peuplée de serpents; des milliers de chau-
dières pleines de plomb bouillant; une eau rapide,
noire et fétide, qui gâte tout, et où arrivent les gour-
mands pour y être repus de crapauds, de salaman-
dres et de hideux reptiles; enfin, pour les impu-
diques, une montagne élevée, exécrable, creusée de
puits profonds, où sont des chiens, des dragons, des
horreurs de tout genre, et d'où s'élancent des flammes
cruelles. Telles sont les idées qu'on se faisait de l'enfer au moyen âge et qui provenaient du tartare des
païens. Celles de Dante y étaient très-semblables.
Dans ces lieux maudits, le poëte florentin n'avait che-
miné qu'en pensée; mais, sur le théâtre breton, Lazare
parlait de ce qu'il venait de voir, et l'autorité de
l'Évangile s'étendait à ces descriptions redoutables.

Judas trahit Jésus; puis, forcené plus que repen-
tant, il va se pendre; mais, dans le drame breton,
avant de s'arracher la vie, il intente une accusation
contre la Providence : « Pourquoi Dieu m'a-t-il créé
« pour être damné à cause de lui? Mal et bien, c'est

« la loi commune, entraînent, selon leur principe et
« leur essence, chacune des choses créées ; ainsi, je
« ne puis être constamment honnête, en quelque état
« que ce soit, si je suis fait de matière mauvaise.
« Dieu n'est donc pas juste ; il n'est ni équitable, ni
« vrai justicier envers tous ; loin de là, il est déloyal
« et dur de m'avoir fait d'une matière qui doit cau-
« ser ma perte, en m'empêchant de me réconcilier
« avec lui. » Un être surnaturel, qui surveille ses
derniers moments, lui répond que Dieu a donné la
raison et le libre arbitre, et écarte la responsabilité
de la Providence. Le poëte breton ne va pas plus loin
sur cette question, tant agitée parmi les théologiens,
du règlement de limites entre la volonté humaine et
une Providence supposée toute-puissante.

Les faiseurs de mystères puisaient beaucoup dans
l'Évangile apocryphe de Nicodème ; cela se voit surtout dans le drame cornique ; c'est là que ce drame
a pris l'huile de miséricorde promise à Adam. Chassé
du paradis, le premier homme veut bêcher, mais la
terre crie : « C'est chose merveilleuse, la terre ne
« veut pas permettre que je la brise pour y faire pro-
« duire du grain. » Il demande à Dieu d'intervenir
si Dieu veut qu'il vive, et Dieu commande à la terre
de s'ouvrir sous le bras d'Adam. A la fin de ses jours,
Adam, lassé de lutter depuis tant de siècles contre la
terre, s'arrête, et, s'appuyant sur son instrument de
travail et de pénitence : « Bon Dieu, que je suis fa-
« tigué ! Que je verrais arriver avec bonheur l'in-
« stant du départ ! Que ces ronces ont de dures ra-
« cines ! Mes deux bras se brisent à les arracher. »

Et il envoie son fils Seth à la porte du paradis, pour
demander s'il ne finira point par obtenir un peu
d'huile de miséricorde du Dieu bon qui l'a créé. Seth,
arrivé à la porte du paradis, reçoit du chérubin qui
le garde la permission de jeter, à travers la porte, un
coup d'œil dans ce lieu de délices. L'ange lui demande ce qu'il voit, et, à chaque interrogation, Seth
répond en décrivant une merveille ; enfin, il dit :
« Je vois une fontaine brillante comme de l'argent
« d'où coulent quatre grandes rivières et où l'on vou-
« drait se mirer. Au-dessus, s'élève le grand arbre
« aux rameaux sans feuilles ; son tronc, du haut en
« bas, comme ses branches, n'a plus d'écorce, et,
« quand je regarde à ses pieds, je vois que ses ra-
« cines descendent jusqu'aux enfers, au milieu d'é-
« paisses ténèbres, tandis que son front se perd au
« milieu du ciel dans une lumière éclatante. — Le
« chérubin : Regarde tant que tu pourras avant de
« quitter ce lieu. — Seth : O chérubin, ange du Dieu
« de grâce, je vois tout au haut de l'arbre, parmi les
« rameaux, un petit enfant nouveau-né, enveloppé
« de langes et serré dans des bandelettes. — Le ché-
« rubin : Cet enfant que tu vois est le Fils de Dieu.
« Quand les temps seront accomplis, il rachètera
« avec sa chair et son sang ton père Adam et ta mère
« et tous les hommes de Dieu. C'est lui qui est l'huile
« de miséricorde promise à ton père ; c'est lui qui,
« par sa mort, sauvera l'univers entier. »

La chrétienté du moyen âge donnait aux musulmans le nom haineux de païens malgré leur sévère
monothéisme ; et, transformé en Mahom, Mahomet

était devenu une espèce de dieu protecteur des infidèles. Dans le drame comique, ce Mahom s'est changé en saint Mahom ; et, ce qui ajoute à toutes ces méprises, Caïphe y jure, malgré l'anachronisme, par ce saint de singulière fabrique.

Jésus est devant Ponce-Pilate. Deux docteurs juifs sont à côté du magistrat, qui leur demande ce que, par la loi, il faut faire à l'accusé. L'un est contre Jésus, l'autre est pour: L'un : « Il s'est fait, sans « aucun doute, dieu et homme par des récits men- « songers ; à lui est due, par ma foi, malgré ses « dénégations, la peine de mort. » — L'autre : « Doc- « teur, en aucun cas, il n'est légitime qu'un homme « soit mis à mort parce qu'il prononce de bonnes « paroles. Regarde la sirène, moitié poisson, moitié « femme ; être Dieu et homme, c'est une chose à la- « quelle nous donnons foi. » — L'autre : « Sire doc- « teur, je te dis qu'il mérite la mort. Le marché était « commencé par de bonnes gens dans le temple ; « tout y était en ordre, on y voyait bien du monde, « et voilà qu'il vient tout chasser, tout détruire. » — L'autre : « Je m'étonne de t'entendre ainsi parler. Tu « connais l'Écriture, tu sais qu'il faut souhaiter Satan « hors de toutes les voies. A aucun titre, un marché « n'est convenable dans la maison de Dieu ; il n'y « convient qu'adorations et mercis à celui qui est « Seigneur de la terre et de la mer. » — L'autre : « Très-certainement, cet homme en a égaré beau- « coup ; toujours il s'oppose à notre loi ; aussi doit-il « être mis à mort sans retard. Tous les docteurs du « monde ne peuvent le sauver. » — L'autre : « Tu

« n'es pas son ami, à ce qu'il me semble. Ce n'est
« pas bonne conscience, en vérité, de tuer un homme
« qui n'est pas jugé. Personne n'a entendu parler
« d'aucun mal qu'il ait fait dans le monde. Ce serait
« pitié qu'un homme si pur pérît victime d'une fausse
« accusation. »

Dans le drame cornique de l'origine du monde,
après que l'*évêque* a consacré le temple construit par
Salomon, se place un épisode dont une Maximilla,
d'ailleurs inconnue, est l'héroïne : c'est une femme
malade qui vient dans le temple demander guérison.
Elle s'assied sur un bois qui est là, et soudain ses
vêtements prennent feu. Il faut savoir que, dans la
construction, les charpentiers avaient rencontré une
pièce de bois qui n'avait voulu jamais être de mesure,
se trouvant tantôt trop courte, tantôt trop longue, et
que le roi Salomon, informé du miracle, avait commandé de laisser ce bois, avec grand honneur, dans
le temple ; ajoutons que ce bois, suivant la légende
du moyen âge, provenait de l'arbre paradisiaque du
bien et du mal. Par une inspiration dont l'auteur
n'explique pas la source, Maximilla s'écrie : « C'est le
« bois du Christ qui met mes vêtements en feu. Mon
« cher Seigneur Jésus-Christ, Dieu du ciel, par ta
« vertu arrête le pouvoir de la flamme et du feu,
« comme par ton corps furent rachetés Adam et Ève
« et placés dans le ciel ! » L'*évêque* entend ces paroles, et, s'indignant, lui demande où elle a appris à
nommer Christ le Dieu du ciel, ajoutant que ce nom
ne se trouve nulle part dans la loi de Moïse. Il exige
de la coupable une rétractation, qui est refusée, et

Maximilla, s'exaltant, fait une confession pleinement chrétienne où elle invoque la Trinité. Alors l'*évêque*, montant sur son tribunal, la condamne à être lapidée. Les exécuteurs accourent, Maximilla subit son sort; et eux reçoivent de l'*évêque*, pour récompense, des donations en terres.

« Quelle est, demande M. de la Villemarqué, cette
« Maximilla victime de son culte pour la croix, con-
« damnée comme sorcière, idolâtre, hérétique, fille
« du diable; comme s'étant arrogé le droit de ré-
« genter les évêques ni plus ni moins qu'un homme;
« comme obstinée, endurcie, incorrigible; qui a
« pour juge un prélat qu'on dit juif, mais qui est
« évidemment franco-anglais, ce que prouve son
« jargon barbare? Aucun martyrologe ne fait men-
« tion d'elle; son nom même ne se trouve nulle part
« dans le catalogue des saints. C'est donc un nom
« imaginaire; mais il déguise à peine une réalité
« vivante, et, sous le masque transparent, tout le
« monde reconnaît Jeanne d'Arc. » Il est bien vrai
que l'évêque, qui, d'ailleurs, parle en très-bon cornique, adresse à son conseiller deux lignes, l'une en
mauvais anglais, l'autre en mauvais français :

By godys fast wel y seid;
Vos eet bon se dev m'aeyd.

Mais, quelque singulier que soit ce mélange, j'a-
voue que je ne vois dans Maximilla aucun trait de
Jeanne d'Arc et que je ne puis me ranger à l'avis de
mon savant confrère. Jeanne d'Arc n'est pas seulement une chrétienne qui confesse Jésus-Christ, c'est

une paysanne et une vierge qui arrache la France
des mains des Anglais. Pour guider l'allusion, il
fallait montrer, par quelque coin, la pureté, la paysan-
nerie, l'ennemi, les armes, le bûcher. Rien de tout
cela n'est dans Maximilla, lapidée à la mode juive
pour acte de christianisme au début du christianisme.

Toutes les sociétés politiques ont, dans leur histoire, des forfaits détestables qu'il ne faut pas moins
flétrir que les forfaits individuels. Parmi ceux qui
sont reprochables à la nation anglaise, il n'en est
guère de plus odieux que la mort de Jeanne d'Arc
par le feu. Une prisonnière de guerre! une femme!
Venger les défaites par un procès honteux et un
supplice atroce ! Il eût appartenu au poëte dramatique dont s'enorgueillit l'Angleterre de réparer, par
l'idéal dont il était si grand maître, le méfait réel
et historique; loin de là, il l'aggrava en le continuant. Shakspeare souilla sa plume des mille ca-
lomnies de ses compatriotes, et c'est chez lui que
Voltaire a pris le germe de sa mauvaise action.
Schiller, attiré par cette auréole de gloire et de douleur, tenta la dangereuse entreprise de donner la
forme dramatique aux rapides moments d'une vie de
jeune fille sans exemple dans les annales humaines ;
le succès ne répondit pas complétement à ses efforts.
Mais quelle poésie peut s'égaler à cette histoire? Le
pur, le grand, le tragique, l'étrange, tout y est.

La justice rétributive des légendes et des mystères
ne pouvait laisser Ponce Pilate jouir en paix de la
condamnation qu'il avait prononcée et de la facilité

avec laquelle il s'était lavé les mains de la mort de l'homme-Dieu. Le drame cornique le retrouve et le reprend. L'empereur Tibère est malade, et l'art des médecins est impuissant. On lui apprend qu'en Judée un homme guérit miraculeusement toutes les maladies. Un messager y est envoyé en grande hâte; mais Jésus avait déjà péri sur la croix. Désappointé, l'empereur se courrouce contre Pilate, et il ordonne qu'on le mette à mort. Mais le rusé gouverneur avait pris la robe de Jésus et la portait constamment; robe merveilleuse qui avait la vertu d'apaiser la colère du prince quand le prince le voyait et lui parlait, et de rendre impuissantes es mains des bourreaux. Ainsi protégé à l'insu de tout le monde, il aurait réussi à échapper si Véronique n'avait informé l'empereur de ce qui faisait la sûreté du juge de Jésus. On le dépouille, on le jette en prison, il s'y tue, et son corps et son âme deviennent le jouet des démons. Que le drame cornique ait puni Pilate, je le conçois au point de vue du moyen âge; mais, ce que j'y aime moins, c'est qu'il ait mis dans la bouche de Tibère une profession de foi chrétienne : le sombre maître de Séjan ne méritait pas une pareille réhabilitation.

Dans le drame cornique, la scène de la mort de Judas a moins de caractère que dans le drame breton. Le drame cornique se contente du fait tout simple : « Oui, y dit Judas, j'ai grandement péché en vendant « aux Juifs, pour être mis à mort, le Christ plein de « grâce. Mon péché est plus grand que la merci du « Père, et il n'y a point de moyen de salut pour moi, « en vérité. Je vais mettre autour de mon cou un

« nœud coulant qui m'étrangle aussitôt. Malheur à
« moi, que ma fin doive être si cruelle ! » Le drame
breton monte à un ton plus haut. Judas vient d'exprimer sa crainte de ne pouvoir être pardonné; une Furie
(cette Furie est nommée par le mystère français *dé-
sespérance*, et dans le breton *disesperance*, ce qui
montre, comme le dit M. P. Meyer, de quel côté est l'o-
riginal), une Furie, dépêchée de l'enfer pour empêcher
un repentir qui le réconcilie, a entendu ces paroles et
reprend : « Tu as dit vrai; jamais, en aucune façon, tu
« ne pourras être pardonné. — Judas. Qui es-tu, toi
« que je n'ai pas appelée, pour venir me dire dans ma
« douleur que, j'aurai beau faire, je ne pourrai ja-
« mais être pardonné ? — La Furie. Chacun me
« nomme une *Furie*. — Judas. Réponds-moi donc,
« ô Furie, d'où viens-tu? Quelle est ta croyance? Ton
« air n'est pas de bon augure. — La Furie. Je sors
« du puits de l'enfer de glace, où tu seras plongé
« pour l'éternité dans cent mille tourments et maux.
« — Judas. Mon crime serait-il si grand que je ne
« puisse l'expier et être ici-bas pardonné? — La Fu-
« rie. Oui! Ni dans ce monde, ni dans l'autre ! Un
« poids énorme pèse sur toi; demander grâce main-
« tenant, c'est peine perdue. — Judas. Jésus connaît
« ma faiblesse; penses-tu donc que lui, qui est le
« Fils du Dieu vivant, pourrait ne pas m'écouter ? —
« La Furie. Il te hait tant qu'il ne saurait te voir. —
« Judas. Cependant il nous a dit de tout pardonner à
« quiconque serait contrit. — La Furie. Oui, contrit
« du fond du cœur, et prêt à satisfaire à Dieu, et qui
« aurait confessé sa faute comme de raison.—Judas.

« Ma contrition à moi n'est-elle donc pas bonne ? Je
« me suis confessé, j'ai avoué ma faute et je n'ai rien
« caché ; j'ai un extrême et continuel regret, et j'ai
« fait restitution comme je le devais. — LA FURIE.
« Rien n'est capable d'expier un péché aussi lourd
« que le tien. N'a-t-il pas dit en ta présence, bien
« qu'il n'eût aucunement envie de te faire de la peine :
« Malheur à l'homme par qui je serai livré ! Dieu ne
« saurait te pardonner d'avoir vendu sa chair bénite.
« Tout ce que tu fais est en pure perte. » Évidemment, dans l'esprit du poëte breton, il s'est passé un
conflit entre la doctrine chrétienne de l'efficacité du
repentir, même pour les plus grands crimes, et l'arrêt
inflexible qui jette Judas dans la rage, le suicide et
l'enfer. Il a évoqué la Furie du désespoir, *qui vient
sans être appelée*, pour que les regrets de Judas et sa
restitution des trente deniers ne tournent pas en pénitence. Il a besoin de cette intervention pour ne pas
croire qu'un homme qui rend le prix de la trahison et
qui en est assez chagrin pour ne plus vouloir vivre,
allait peut être obtenir quelque pitié. Mais nulle pitié
ne devait tomber sur celui qui avait livré le Fils de
Dieu.

M. de la Villemarqué pense que le *Grand Mystère de
Jésus* fut joué à Saint-Pol de Léon, dans la cathédrale,
lieu, dit-il, digne du sujet. La cathédrale de Saint-Pol
est un beau morceau d'architecture gothique, et c'était
en effet dans les églises que se jouaient les anciens
mystères. On faisait autrement en Cornouailles : on y
voit encore de grands amphithéâtres de pierre qui ser-
vaient à ces représentations ; un, entre autres, situé, dit

M. Norris, en vue du cap Cornwall et de la mer transparente qui vient battre le magnifique promontoire, fournissait un grandiose emplacement aux scènes de la chute, de la passion, de la résurrection, et aux foules qui accouraient de toutes parts. De pareils emplacements ne manquaient pas à notre Bretagne. Là, une zone singulièrement tempérée, où le figuier, le camélia et des plantes de serre passent l'hiver en pleine terre sans abri, bien que la vigne y mûrisse mal, est bordée d'une enceinte de roche et de sable où, deux fois par jour, la marée apporte le grand Océan. Tantôt une dentelure de granit qui festonne la côte d'enfoncements et de réduits à parois gigantesques; tantôt des baies gracieusement dessinées que nul pied ne fréquente, et qui pourtant offrent un sable si doux et une mer si belle; tantôt des plaines de sable qui s'étendent à perte de vue; partout des blocs, des écueils, des îlots qui s'avancent loin de la côte et qui, même dans les calmes journées, ne sont jamais sans l'écume et le tumulte de la vague : voilà ce que la vieille terre celtique offrait à choisir pour ses mystères, ce qu'elle choisit quelquefois pour *ses pardons*. Avec le ciel, la terre et la mer, s'harmonisent les émotions des multitudes rassemblées pour quelque intéressant spectacle; et c'est toucher doublement aux choses infinies que de prêter l'oreille aux vieilles légendes divines en présence de l'immensité.

Les foules y vont chantant et s'en reviennent en pleurant, disait un proverbe breton en parlant de la représentation des mystères. Aussi M. de la Villemarqué, prenant en main la cause des mystères en

tant qu'œuvre dramatique, est-il en droit d'écrire :
« Si le succès justifie tout, comme on le prétend au-
« jourd'hui, si, seul, il prouve le mérite, même litté-
« raire, les dramaturges de l'Armorique en auraient
« eu un considérable. On se ferait difficilement une
« idée du succès qu'obtinrent leurs mystères, sur-
« tout le mystère de Jésus. La tradition est unanime
« pour l'attester d'un bout à l'autre du pays breton-
« nant. Je l'ai constaté en Léon, en Cornouaille, en
« Tréguier, en Vannes, dans toutes les paroisses où
« la coutume des représentations populaires a persisté
« jusqu'à nos jours; partout j'ai entendu parler des
« magnificences du *grand mystère*, des sanglots qu'il
« faisait pousser, des regrets qu'on éprouve de ne
« plus le voir représenter. »

Que le succès justifie tout, c'est une doctrine que
je n'aime pas à reconnaître, ne s'agirait-il de la reconnaître que pour les drames bretons, chers à M. de
la Villemarqué. Je suis de ceux qui attachent aux
mystères un intérêt plutôt de langue et d'histoire que
de drame et de composition. Il est certain qu'ils eurent le mérite d'attirer et d'émouvoir la foule. C'est
beaucoup, sans doute; mais cette correspondance entre les moyens et les émotions, toujours digne d'attention, tantôt ne s'élève pas au delà du temps et du lieu,
et tantôt, au contraire, renferme des traits d'idéal
qui demeurent un charme pour toutes les générations
futures. Ceci fit défaut aux mystères. Le succès qu'ils
eurent était le succès de la Bible et de l'Évangile d'où
ils provenaient. Pour faire naître de la poésie dans la
poésie de la Bible et de l'Évangile, il fallait des mains

plus puissantes que celles qui écrivirent ces drames populaires. L'Esther et le Joas de Racine, l'Ève et le Satan de Milton étaient encore sous les ombres d'un lointain avenir.

VIII

DE L'HISTOIRE DES LETTRES ET DES BEAUX-ARTS

PENDANT LE QUATORZIÈME SIÈCLE EN FRANCE[1]

SOMMAIRE. — Ce travail sur le livre de MM. Le Clerc et Renan a pour but de montrer que le quatorzième siècle est la clôture historique du moyen âge, si par histoire on entend la succession des phases d'évolution. Cela posé, on fait voir que tout ce qui a précédé a marché vers cette clôture de l'âge intermédiaire, et que tout ce qui a suivi a marché vers la révolution et la rénovation modernes. Ces trois termes contiennent et justifient la loi de l'histoire quant au moyen âge.

I. — *Coup d'œil général sur le moyen âge.*

Je ne m'engage pas de mon chef dans une question aussi vaste que l'est l'histoire des lettres et des arts pendant le quatorzième siècle en France. J'ai derrière moi un grand ouvrage qui mérite d'être loué, cité, médité. Je l'ai médité pour en parler, je le citerai pour m'en appuyer, je le louerai pour lui rendre justice. Il s'agit du tome XXIV de l'*Histoire littéraire de la France,* commencée par les bénédictins, continuée par l'Académie des Inscriptions.

1. *Histoire littéraire de la France,* t. XXIV, par MM. Victor Le Clerc et Renan. — *Revue des Deux-Mondes,* 15 septembre 1864.

C'était l'habitude des bénédictins, quand ils entraient dans un nouveau siècle, de l'inaugurer par un *discours* qui en offrait l'idée générale et l'ensemble, habitude religieusement observée par leurs successeurs. Le treizième siècle étant achevé et le quatorzième devant être mis sur le chantier, la tâche échut à MM. Le Clerc et Renan d'esquisser l'un les lettres, l'autre les arts durant cette époque. Ces deux parties, très-inégales en longueur, remplissent un de ces grands volumes in-quarto familiers à l'érudition bénédictine, et sont l'œuvre sur laquelle j'appelle l'attention de mes lecteurs. Il s'agit non d'événements, mais d'idées, d'opinions et de livres.

Qu'est-ce que le quatorzième siècle? je veux dire quel rôle a-t-il joué dans ce vaste labeur où l'élite de l'humanité, d'abord engagée inconsciemment, aperçoit maintenant un développement à poursuivre, des buts successifs à atteindre, et le suprême encouragement de devenir plus savante dans les voies de la nature et meilleure dans son propre gouvernement politique et moral? Hors de cette élite, les siècles passent à la file les uns des autres, se ressemblant tous, et diversifiés seulement par le jeu et les accidents des ambitions. Dans le sein de cette élite, ils passent avec une fonction déterminée par la lutte entre les perturbations de la vie sociale et politique et la conscience croissante de la raison et de la justice. C'est cette lutte qu'on nomme progrès, civilisation, et qui fait l'intérêt souverain de l'histoire : sans elle, l'histoire est une chronique d'événements sans vertu; avec elle, l'histoire est une science qui voit la force vive éclore, grandir et produire ses effets.

Le quatorzième siècle est une de ces époques qui tiennent plus de l'esprit de celle qui va suivre que de celle qui a précédé. Un malaise inconnu le travaille, et, sans qu'il le veuille ou qu'il le sache, les institutions s'ébranlent, ou du moins cessent de remplir leur office régulier. L'obstacle n'est pas au dehors, ce qui pourrait n'être que passager; il est au dedans, ce qui est le signe de quelque lésion grave qui envahit l'organisme social. Ce qui a empêché de nommer révolutionnaire ce siècle, c'est qu'au milieu de ses agitations aucune doctrine positive ou négative ne le pousse; de doctrine, il n'en a point, et il souffre seulement de l'usure naturelle des organes qui jusqu'alors avaient entretenu la vie de la société. Il est, comme le malade, pleinement innocent du mal qui l'entreprend; il ne l'a ni cherché, ni voulu; il ne sait même, au moment où il souffre, de quoi il souffre : c'est l'évolution qui se fait, indépendante des hommes dans la sphère inférieure de leurs volontés et de leurs vues, mais dépendante d'eux dans la sphère supérieure des acquisitions scientifiques, morales et industrielles.

Un philosophe dont l'influence s'exerce aujourd'hui sur la méthode dans les conceptions scientifiques, Auguste Comte, a dit qu'à tort on fixait l'ouverture de l'ère révolutionnaire en Europe au seizième siècle, qu'il fallait l'avancer de deux cents ans, et que l'ébranlement des institutions et des opinions datait du quatorzième, qui le premier avait ressenti et manifesté la décadence du régime catholico-féodal. Cette notion profonde fait partie de toutes celles qu'il a données à profusion dans les trois derniers volumes de son système de philosophie positive, et elle y est née moins du détail des faits que d'une conception générale tellement vraie et forte qu'aucun des nœuds, aucune des crises de l'histoire ne lui échappait. C'est là que je l'ai prise, et je m'en suis servi souvent, ayant reconnu à l'user que je pouvais m'y fier; car, depuis beaucoup d'années, mes travaux se sont dirigés vers un coin de ce vaste pays qu'on nomme le moyen âge; ce coin, c'est l'étude de la langue d'oïl.

Voici venir une démonstration complète, par le détail et par les faits, de la proposition du philosophe. Un érudit renommé, l'homme d'Europe qui connaît le mieux l'histoire littéraire du moyen âge (et c'est surtout d'idées qu'il s'agit ici), M. Le Clerc, donne pour conclusion de son grand *discours* que le quatorzième siècle est caractérisé par *l'affaiblissement de l'ancienne unité catholique et la dissolution prochaine de la société féodale*. Ces deux termes comprennent le tout de la révolution moderne à son début. Ce qui rend remarquable cette rencontre entre le philosophe et l'érudit, c'est que celui-ci n'a reçu aucune influence de celui-là. Quand les documents lui eurent passé par les mains, quand il les eut classés et interprétés, la lumière qu'ils donnèrent fut décisive, et le caractère du siècle apparut dans sa réalité. Ceux qui, lisant le philosophe, douteront de la certitude de son aperçu, n'auront qu'à prendre le *discours* de l'érudit; ceux qui, lisant l'érudit, voudront savoir la liaison théorique des différentes parties du moyen âge, auront recours au philosophe.

L'importance est grande à noter correctement les époques. Considérez ce qui arrive en plaçant l'ébranlement des bases du système du moyen âge, comme on fait d'ordinaire, au seizième siècle. Alors on peut soutenir, non sans apparence, que l'événement est accidentel, en ce sens du moins qu'il est dû non à l'insuffisance de l'organisme catholico-féodal, mais à des causes extrinsèques que l'on signalerait avec plus ou moins d'exactitude. Qu'on suppose Léon X moins besoigneux d'argent, la vente des indulgences moins scandaleuse, un moine augustin de moins ; la réforme n'éclate pas et les choses restent dans le vieil état, si bien qu'à ce point de vue un Bossuet peut, dans la dernière moitié du dix-septième siècle, prédire la fin des scissions et le retour à l'unité catholique. Cette prédiction, si terriblement démentie par les événements, était d'avance condamnée par des nécessités historiques que les préjugés théologiques de l'auteur des *Variations* ne lui permettaient pas d'apercevoir. Mais, quand les faits établissent qu'en pleine prospérité, tant intérieure qu'extérieure, au quatorzième siècle, le moyen âge s'ébranle de lui-même, et que cet ébranlement, loin de recevoir aucun amendement, se prolonge tout le long du quinzième, alors on arrive à concevoir que la réforme n'est qu'un moment particulier dans une révolution qui commence avant elle et qui ne finit pas avec elle, que cette réforme à son tour s'est trompée en croyant avoir trouvé un point fixe, et que successivement toutes les parties du système catholico-féodal, tant religieuses que politiques, ont été soumises à une critique ardente dont une des manifestations capitales fut la révolution française. Le quatorzième siècle ouvre la marche, et depuis lui chaque siècle n'est occupé qu'à préparer, dans l'ordre des idées, de nouvelles conceptions et, dans l'ordre pratique, de nouvelles institutions. Depuis ce temps-là, la société n'a plus retrouvé son guide dans l'Église, ni l'Église son image dans la société.

Quand on porte, pour s'en occuper, le regard sur une grande époque, il faut se demander à quoi l'on va s'intéresser, et quel parti l'on prendra dans la chute de ceci et le progrès de cela. La réponse est donnée par la philosophie de l'histoire : prendre parti pour ce qui doit favoriser le développement humain. L'historien qui place dans certaines croyances et certaines institutions du passé le type duquel on ne peut s'écarter sans déchoir et dégénérer n'a que des déplorations pour tout ce qui, survenant, modifie, altère, renverse le type sacré. De son côté, l'historien qui n'a pour apprécier les choses qu'un rationalisme plus ou moins métaphysique et révolutionnaire, ne peut s'abstenir de verser haine et mépris sur ces époques qui ne satisfont point à des conceptions non contrôlées par le fait et l'expérience. Cela seul, je veux dire ce chagrin qu'ici cause le caractère de l'avenir et cette haine que cause le caractère du passé, suffit pour établir essentiellement le fondement même de la philosophie de l'histoire, philosophie qui ne peut consister qu'à comprendre que le

caractère de l'avenir et celui du passé n'ont rien de
différent ni de contradictoire, qu'une même force
produit un enchaînement d'évolutions, et que celui-là
seul qui sait la retrouver partout est arrivé à la conception philosophique. Sans doute l'homme qui ne
se contente pas de penser et qui sent en même temps
voudrait bien des fois que cette histoire fût différente ; mais en combien d'autres domaines, parmi
ceux où se déploie la nature ouverte à nos regards et
à nos investigations, ce même souhait ne se fait-il
pas entendre ! Une fatalité (j'entends par fatalité la
condition des choses) s'impose à nous partout, et en
s'imposant suscite en même temps ce sentiment de
peine pour un ordre imparfait, cette douleur des
maux que font les choses, et cet effort héroïque et
séculaire pour les modifier : sentiment, douleur,
effort qui sont l'apanage de l'humanité prenant conscience d'elle-même !

M. Le Clerc dit : « Le moyen âge avait été l'œuvre
et le domaine de l'Église. Au moment où il va finir,
un nouvel ordre social ne pouvait se former qu'à travers les incertitudes, les déchirements, les malheurs
publics et privés qui accompagnent les révolutions. »
C'est dans cet esprit qu'il faut considérer le quatorzième siècle : il est l'ouverture à une phase nouvelle
et plus avancée de la civilisation. Quant aux malheurs publics et privés qui accompagnent les révolutions, il importe de s'entendre là-dessus : je ne les
nie ni ne les aime, ni ne les revêts de noms flatteurs ;
mais il serait injuste, historiquement, de ne pas
rendre aux choses leur caractère relatif. Les révolu-

tions ne prennent point les sociétés dans un état de béatitude dont elles les arrachent pour les lancer dans les champs de l'inconnu ; ce qui les précède est la guerre, la lutte des États contre les États, des classes contre les classes. Pour ne parler ici que du quatorzième siècle, le moyen âge ne fit, non plus que l'antiquité païenne, régner l'âge d'or : il fut un âge de fer, si l'on entend par là les guerres, les conquêtes, les invasions ; mais, à part la France, qui souffrit cruellement de guerres mal conduites contre l'Angleterre (et cela est en dehors du développement historique), le quatorzième siècle ne présente point de maux exceptionnels.

On entendrait mal ce qui se passa, si l'on considérait comme une condamnation préméditée par les hommes d'alors la séparation qui commence au quatorzième siècle. Ce n'est pas un mauvais régime que l'on repousse et que l'on foule aux pieds insurrectionnellement ; c'est un régime devenu insuffisant auquel on essaie de se soustraire. L'enfant qui grandit prend d'autres vêtements ; ou, si l'on veut, l'homme qui passe dans la vie à une position plus active et plus éminente a besoin de changer les dispositions de l'édifice patrimonial qu'il ne peut ni ne veut quitter, mais qu'il transforme pour sa nouvelle condition.

On m'a reproché d'avoir repoussé les opinions qui font du moyen âge un abîme de superstition et de ténèbres, d'avoir vanté les bienfaits de l'Église quand elle demeure seule debout entre Rome défaillante et la barbarie envahissante, d'avoir compté parmi les grandes créations d'une société tout imprégnée du besoin de la prière et de l'ascétisme chrétien ces couvents qui, au milieu même des Germains débordés, cultivaient, enseignaient, civilisaient, enfin d'avoir assigné un rôle puissant et une noble part à l'évolution dans ce qui est considéré comme une chute profonde et une dégénération misérable par rapport à l'antiquité païenne. De la sorte, de ce côté, j'ai perdu des amis sans en gagner de l'autre côté ; et ce n'est que justice de n'en avoir pas gagné ; car il est bien vrai qu'une telle doctrine historique, qui ne donne aux phases sociales qu'une valeur relative, ne satisfait pas ceux qui lui donnent une valeur absolue, et qu'à ce point de vue les religions et les institutions sont des degrés d'une évolution déterminée par l'avancement corrélatif du savoir humain et de la moralité humaine.

Ainsi donc je continue à soutenir l'opinion qu'au moyen âge appartient une place honorable dans le développement humain, et que, prenant les choses où Rome, incapable de suffire plus longtemps à la tâche sociale, les quittait, il n'a laissé ni périr ni rétrograder les événements que le monde ancien lui remettait comme à son héritier dans les plus graves et les plus critiques circonstances qui se puissent imaginer. Et comme ici, dans ce travail, je vais passer du côté de ceux qui l'entament et sympathiser d'esprit et de cœur avec les novateurs, il n'est pas superflu d'indiquer ce qui, à mon avis, est le point culminant de ses services et le recommande particulièrement à la postérité.

Le moyen âge est le successeur de l'empire barbare,

comme celui-ci le fut de l'empire romain, comme
l'empire romain le fut de l'ère républicaine en Italie
et en Grèce. Dès que, dans l'Occident, par l'arrivée
des barbares, le lien qui rattachait à Rome les provinces est rompu, ces parcelles divisées du grand tout
cherchent à s'organiser et à vivre, et cette organisation est terminée, vers la chute des Carlovingiens,
dans la constitution du régime catholico-féodal. Si
l'on cherche en quoi ces deux époques, l'empire romain et le moyen âge, unies par l'intermédiaire de la
domination barbare, diffèrent essentiellement, on
remarque qu'elles diffèrent surtout en ceci, que l'une,
l'empire romain, n'a pas d'institutions, et que l'autre,
le moyen âge, en a.

Peut-être plus d'un dira : Qu'est-ce que ces institutions pour valoir qu'on en tienne compte? Pourtant
qu'on voie les choses, les difficultés, les résultats.
Quand l'empire succéda à la république, qui, elle,
avait des institutions, il laissa subsister les noms;
mais ces noms devinrent absolument vides. Il y eut
encore un sénat, un forum et des consuls; mais ce
sénat, ce forum, ces consuls n'étaient plus que des si-
mulacres : il ne restait qu'un empereur et des agents.
*Si immensum imperii corpus sine rectore librari pos-
set*, a dit Tacite...; l'empire ne put en effet jamais
trouver un équilibre, avec ou sans un maître souverain. Une administration habile et puissante main-
tint l'ordre, leva les impôts, répartit les dépenses,
entretint les armées, fit les ouvrages d'utilité publique; mais rien, dans les quatre siècles que dura
l'expédient impérial, ne put faire qu'il s'établît entre

le maître et les sujets quelques-uns de ces pactes qu'on appelle institutions, qui forment un principe de vie, d'action, de développement, et sans lesquels un État n'est pas un organisme. Les empereurs et les sujets furent aussi incapables les uns que les autres de pourvoir à ce vice capital qui minait peu à peu les assises du grand empire. Tacite fait dire à Galba que, si la chose était possible, il serait digne d'être celui qui recommencerait la république; mais la chose n'était plus possible. Plus tard, les empereurs, accablés par l'urgence des affaires, n'eurent plus à songer qu'à se défendre contre les barbares, et se défendirent mal. Quant aux sujets, ni les aristocraties ni les plèbes n'avaient plus aucun esprit qui les rendît maîtresses de la situation et forçât le souverain à leur accorder une part dans la gestion des affaires. C'est par cette absence d'institutions et par la désagrégation morale et politique qui s'ensuivit que les barbares prévalurent sur Rome et que l'empire tomba.

Cette grande chute accomplie, le problème social et politique resta le même; je me trompe, il se présenta compliqué et aggravé de la présence des barbares, qui étaient devenus partout les maîtres de l'autorité supérieure. Il était possible que rien ne fût changé, et que l'empire se continuât sous forme morcelée. C'était manifestement la tendance des rois ostrogoths et mérovingiens; mais la situation fut plus forte. Je dis la situation; on entend bien que ce ne fut pas la réflexion qui, appréciant les conditions politiques, combina les institutions les mieux appropriées : cela est d'un temps plus mûr et plus instruit sur l'organisation des sociétés ; mais sous les influences qui alors se firent sentir se développèrent les germes de ce qui devint peu à peu le régime féodal.

Ce régime doit être considéré par rapport à ce qui l'a précédé et en lui-même.

Ce qui l'a précédé, c'est l'empire romain. Or, au point de vue qui nous occupe, la supériorité du régime féodal est manifeste ; il a cette supériorité qui appartient à un organisme vigoureux et apte à se développer par comparaison avec un organisme vieilli et voué à la destruction. Sur cette vieillesse et cette destruction de l'un, aucun doute n'est possible : tout dans l'empire romain allait en décadence ; les lettres, les arts, les sciences, la politique, la force militaire, subissaient de siècle en siècle une décroissance qui s'acheminait vers la ruine. Sur cette vigueur et ce rajeunissement de l'autre, il n'y a pas davantage de doute, car chaque siècle le rend plus propre à servir de transition vers l'ère moderne. Pour une société héritière de la Grèce et de Rome et ranimée par le christianisme, c'était, même avec les barbares, la rénovation, non la ruine, qui était en perspective. Le plus bas degré de la décadence est atteint quand ce qui reste de sciences, de lettres et d'art reçoit un dernier coup par l'établissement des barbares ; mais au bout d'un certain temps une réorganisation commence ; le régime féodal s'établit, les langues modernes se forment, un vif désir de savoir remue les intelligences, de grandes choses s'accomplissent, d'heureuses découvertes se font, et tout est vie et travail.

Considéré en soi, le régime féodal n'est pas moins

digne d'attention. Au premier abord, il apparaît comme un morcellement de l'autorité souveraine, et il semble qu'un pareil système n'exige pour s'établir aucune condition avancée de civilisation. Cela serait vrai, et on pourrait n'y voir qu'un de ces accidents produits par une aristocratie forte contre des princes faibles, s'il n'était pas conjoint à trois éléments capitaux qui en font le caractère et qui lui donnent une place hors ligne. Le premier, c'est d'avoir reconnu un suzerain, ce qui conserva l'idée de l'État; le second, c'est d'avoir reconnu une autorité spirituelle pleinement indépendante de lui, et cette autorité était le catholicisme; le troisième est d'avoir été compatible avec la transformation de l'esclavage antique en servage. Ce sont de grandes choses, et qui, quoi qu'il en soit du reste, exigent le respect de l'historien et la reconnaissance de la postérité.

Quant à ceux qui, rejetant le moyen âge comme un temps de rétrogradation et d'abaissement en toute chose, lient l'ère moderne à l'antiquité par la renaissance, il faut leur répondre que ces hommes de la renaissance qui se trouvèrent capables de prolonger l'antiquité et d'en tirer de vastes développements furent mieux doués que les héritiers directs de cette même antiquité entre les mains de qui elle avait péri. Cette capacité plus grande est le fruit du long apprentissage subi durant le moyen âge, et les hommes du seizième siècle purent ce que n'avaient pu les hommes de Grèce ou de Rome après la belle époque. Ils le durent à leurs prédécesseurs immédiats, les gens du moyen âge. Il faut finalement voir les choses comme

elles sont : ce n'est la faute de personne si l'âge des
républiques gréco‑latines fut éphémère, et aboutit
au despotisme macédonien en Grèce, au despotisme
impérial à Rome, à un affaissement moral et intellectuel. Ce n'est la faute de personne si·l'empire fut
une phase lourde, sans souffle, inhabile au dedans à
ranimer la vie sociale, au dehors à écarter l'effroyable
catastrophe des barbares. L'antiquité gréco‑latine
ayant amené les choses à ce point, c'est à ce point
que les hommes purent les reprendre, et fonder avec
les éléments préexistants, sociaux, religieux, politiques, un nouveau système. L'histoire montre que
ni la vie ni le souffle, ni le développement n'y man-
quèrent.

Et ici s'ouvre un nouveau point de vue qui agrandit
la situation du moyen âge, qui en montre le caractère relativement, mais véritablement progressif. On
le nomme régime catholico-féodal, et c'est justice,
car alors l'Église eut, dans le domaine spirituel, une
domination incontestée : dogme, philosophie, science,
éducation, tout dépendit d'elle ; mais l'Église n'est pas
l'œuvre du moyen âge, c'est le produit de cette ère qui
est l'empire romain, si terne, si déchue, quand on la
considère du côté païen, si vigoureuse et si puissante
quand on la considère du côté chrétien. Je n'ai pas
besoin de dire que je ne suis pas, avec Julien et avec
le dix-huitième siècle, contre le christianisme pour
Jupiter, et ce mot de Jupiter qui se trouve sous la
plume suffit, sans plus, pour faire comprendre la supériorité du nouvel ordre religieux et moral qui triom-
pha ; mais, du moment que cette supériorité est bien

reconnue, on voit qu'elle se reporte sur le moyen âge,
qui se l'approprie sans réserve; le mouvement religieux eut la plus grande influence sur le mouvement
social, qui lui fut subséquent, et celui qui les veut
scinder se trompe historiquement. En un mot, à qui
saisit l'enchaînement il apparaît que, pour passer de
l'ère antique à l'ère moderne, les facultés collectives
de la société prirent l'intermédiaire du catholicisme
et de la féodalité. Celui qui arrange les choses autrement n'a dans l'esprit qu'une chimère historique.

II. — *De la fortune de l'ancienne littérature française en Europe.*

Le quatorzième siècle, gond sur lequel commence
à tourner la porte qui ferme le moyen âge et ouvre
l'ère moderne, est, en France, le temps qui voit finir
et s'éteindre l'art créé dans la haute époque. Ici art
est un mot collectif qui embrasse la poésie et l'architecture; ce furent les deux parties qui forment l'auréole de la France. Également originales, mais inéga-
lement fortunées, la poésie chevaleresque a cessé de
vivre dans la bouche et dans la mémoire des hommes,
l'architecture gothique fait encore aujourd'hui passer
en celui qui la contemple les sentiments qui animaient
le génie des constructeurs quand ils élevèrent ces su-
blimes édifices où l'âme catholique se trouve en harmonie avec sa croyance et son Dieu.

On commence, je crois, à savoir dans le public,
grâce aux érudits, que la littérature française ne date
pas du dix-septième siècle, ou, si l'on veut, du sei-

zième, qu'elle a eu un long développement antérieur, qu'elle est née vers le onzième siècle, et qu'elle florissait particulièrement au douzième et au treizième. J'avoue que je suis de ceux qui tiennent aux lointains souvenirs, et que ce n'est pas sans un certain orgueil national que je vois l'esprit de la vieille France se signaler par des œuvres considérables qui plurent partout, et établir dès les temps les plus anciens ces liens qui ont été et sont encore si utiles à la communauté européenne. Telles n'étaient pas les inclinations des dix-septième et dix-huitième siècles : le dix-huitième, excusable, puisque, engagé dans la grande guerre contre les opinions catholico-féodales, il n'avait plus le pouvoir de distinguer ni de ménager; le dix-septième, inexcusable de n'avoir eu d'estime que pour lui-même ou pour l'antiquité classique.

Mais quoi! dira-t-on, des engouements d'érudits que charme la poussière des vieux parchemins peuvent-ils prévaloir contre l'arrêt d'un oubli séculaire et rendre quelque vie à des œuvres que leur propre patrie a délaissées? L'objection serait valable, si ces œuvres n'avaient pas jadis joué un grand rôle et exercé une influence étendue. Elles ne demeurèrent pas enserrées en d'étroites limites : l'Europe entière fut leur vaste théâtre; l'Italie, l'Espagne, l'Allemagne, l'Angleterre, le nord scandinave, la Grèce même, les lurent, les traduisirent, les imitèrent. Et c'est là, à vrai dire, que commence l'usage européen de la langue française; elles le fondèrent, et l'avenir, je ne dirai pas l'agrandit, mais le confirma. Au reste, la langue et les œuvres se servirent en ceci mutuellement : sans les œuvres, la langue ne se serait pas répandue; sans la langue, les œuvres n'auraient pas eu d'accès. Les faits antérieurs avaient destiné ce qui fut la France à parler une langue celtique; la conquête romaine changea cet ordre, et ce fut une langue romane qui s'impatronisa dans les Gaules. Or, tout en reconnaissant le haut mérite des idiomes celtiques, ils sont dénués de cette demi-connaissance préliminaire que le latin donne des langues romanes. Pour des Italiens et des Espagnols, la langue d'oïl jadis et le français d'aujourd'hui s'ouvrent sans peine; la difficulté n'est guère plus grande pour des Anglais et des Germains, grâce à la commune éducation classique. C'est ainsi que la langue et les œuvres se sont aidées mutuellement dans leur diffusion à travers l'Europe.

Au quatorzième siècle, toute cette grande renommée était fondée. « Déjà depuis trois cents ans, dit M. Le Clerc, nos pères avaient une poésie française. Ils avaient trouvé dans le poëme héroïque de belles et hautes inspirations, dans le conte d'heureux moments de vivacité et d'esprit, dans la chanson une grande variété de rhythmes et d'agréables images, dans la comédie populaire de la gaieté et de charmantes scènes, partout une invention vraiment spontanée, et qui ne devait rien à l'imitation. Que leur a-t-il donc manqué pour produire des œuvres durables, que l'on pût lire et admirer encore aujourd'hui? Il leur a manqué le travail du style, la pratique de cet art pour lequel ils avaient cependant les conseils et les exemples des anciens, l'art de bien dire. » En appréciant à diverses reprises notre vieille poésie, j'ai fait remarquer qu'elle était moins oubliée qu'elle ne paraissait, et que, si on ne répétait plus ses chants, du moins ses types s'étaient perpétués, et que les Roland, les Renaud, les Ogier n'étaient pas moins connus que les Achille et les Hector de la célèbre antiquité. M. Le Clerc confirme ce dire : « Nous y apprenons (dans le poëme de la chanson de Roland), même dans l'état où il est, par quelle majesté simple et pure, par quelle brièveté entraînante, nos grandes compositions narratives, avant les perpétuels remaniements qu'elles ont subis, conquirent dès l'abord un ascendant qu'elles ont gardé plusieurs siècles. Ce n'était pas avec un long tissu de fictions, surchargé sans cesse d'aventures nouvelles, accru hors de toute proportion, et que l'imprimerie fit allonger encore, c'était avec un récit assez court, presque nu, mais énergique et fier dans sa simplicité, que s'emparèrent de la poésie européenne les caractères nouveaux que la France venait de créer. » Dante, bien que politiquement très-hostile à la France, a placé dans le paradis les preux de nos chansons de geste. Quel plus grand témoignage pouvait-il rendre à la puissance populaire de l'imagination de nos trouvères?

Tout cet éclat du printemps chevaleresque et féodal s'évanouit sous l'inclémence du quatorzième siècle. Pendant quelque temps encore, on imite, on remanie les anciens, j'entends ici par anciens les poëtes des onzième, douzième et treizième siècles; mais on ne crée plus rien. Pour qu'il naisse une nouvelle poésie digne de se faire écouter, il faudra qu'il appa-

raisse, dans l'imagination française, de nouveaux
types, un nouvel idéal auquel concoururent l'Italie,
l'Espagne et l'antiquité. Ainsi s'explique la stérilité
du quinzième siècle; c'est l'espace vide qui, plus ou
moins long, sépare les deux termes d'une transformation.

Pendant que l'art de la poésie subissait une éclipse,
un même sort atteignait l'art de l'architecture. Sans
rappeler ici comment de l'église byzantine est née
l'église gothique, il suffit de dire que l'art gothique,
qui est la grande gloire de l'Occident et qui riva-
lise avec les belles conceptions de l'antiquité, fut la
création d'artistes français. Malgré le nom fort im-
propre qu'il porte, l'Allemagne n'y a aucun droit,
l'Italie n'en a pas davantage, et c'est de la France que
ces hardies et religieuses constructions se sont étendues à l'Angleterre, à l'Allemagne et au Midi; mais,
de même que le souffle désertait la poésie, il désertait
aussi les autres arts, et ce visible changement, avec
ses conséquences, l'auteur de la partie du *discours*
relative aux arts pendant le quatorzième siècle, M. Renan, l'a signalé ainsi : « Le quatorzième siècle est,
dans l'histoire de l'art français, un moment capital;
c'est le moment où il est décidé que l'art du moyen
âge mourra avant d'avoir atteint la perfection, qu'au
lieu de tourner au progrès, il tournera à la décadence.
Cet art avait survécu de plus de cent ans au sentiment
religieux et poétique qui l'avait créé; l'inspiration
semblait maintenant lui manquer tout à fait. Le goût
du treizième siècle avait souvent été peu exercé; jamais il n'avait été plat et vulgaire : maintenant, au

contraire, le goût du laid l'emportait de toutes parts.
Quand le goût renaîtra, ses efforts ne consisteront pas
à continuer une tradition nationale; ils consisteront
plutôt à rompre avec la tradition. De là ce phénomène
qui, pour n'être pas sans exemple, n'en reste pas
moins étrange, nous voulons dire cette rupture qui,
à partir du seizième siècle, nous rend dédaigneux
pour notre passé et engage à la poursuite d'un autre
idéal. »

Cette rupture avec le passé quant à l'art, rupture
dont on vient de voir la vive expression dans les paroles de M. Renan, n'est pas moins effective dans un
autre domaine qui m'a particulièrement occupé, je
veux dire la langue. Le quatorzième siècle est le moment où la langue d'oïl meurt pour faire place au
français moderne. La langue d'oïl est, avec la langue
d'oc, la fille aînée du latin; seules entre les langues
romanes, elles ont conservé des cas, un nominatif et
un régime, image diminutive de la déclinaison latine,
mais image réelle. C'est sous cette syntaxe semi-latine
que pendant trois siècles la langue d'oïl chante les
preux de Charlemagne et les merveilles de la Table-
Ronde et du Saint-Graal; mais, en même temps que
l'inspiration qui l'avait animée s'amortit et s'éteint,
l'oreille se déshabitue des finesses de la déclinaison et
cesse d'attacher un sens précis aux finales caracté-
ristiques. La langue se dépouille de cette part de latinité qu'elle avait retenue. Donc de ce côté aussi se
présente un intervalle de déformation et de réforma-
tion, intervalle peu favorable, comme on sait, aux
belles productions dans les lettres : il faut attendre

que l'ordre se soit rétabli dans la langue et dans la grammaire.

Bien que par des causes purement historiques la veine d'invention et de production soit épuisée en France au quatorzième siècle, l'Europe ne cesse pas pour cela de tenir en grand renom notre littérature; ce n'est pas, il est vrai, des œuvres de ce siècle qu'elle s'occupe, mais c'est des œuvres des trois siècles qui ont précédé. Dans cette histoire de l'esprit français, il y a deux choses à noter, l'antériorité et le renom. Il est maintenant certain que la première effusion de poésie après l'établissement des nouvelles sociétés qui succédèrent à l'empire romain appartient à la France. L'Angleterre, dont la langue même ne se dégage que vers le quatorzième siècle, n'a rien d'antique à présenter. L'Allemagne, dès le douzième siècle, traduit ou imite nos poëmes, et n'a d'antérieur que les *Niebelungen*, dont l'influence fut étouffée par la poésie chevaleresque et féodale. Les œuvres de l'Espagne, sauf le poëme du *Cid*, n'atteignent pas l'antiquité de nos plus vieilles chansons de geste; et l'Italie ne commence à avoir des poëtes dont il soit gardé quelque souvenir que dans le treizième. C'est surtout à propos de l'Italie qu'il faut avoir présente à l'esprit l'antériorité de la France, car en ce point la fausse histoire a créé un préjugé enraciné : nous sommes accoutumés à voir en elle l'institutrice de la France comme elle le fut de la Gaule; mais il n'en est rien. Sans doute, dans le seizième siècle et au commencement du dix-septième, l'Italie et aussi l'Espagne exerceront beaucoup d'influence sur l'esprit français; dans les hauts temps du moyen âge, c'est la France qui exerce de l'influence sur l'esprit italien.

Une littérature pourrait être antérieure et cependant être restée dans l'obscurité et sans action au dehors. Loin de là, l'éclat fut grand ainsi que l'action. Si l'on demande comment il se fit que la France eut l'antériorité, il se montre plusieurs causes dont l'analyse délicate m'entraînerait trop loin, parmi lesquelles le règne de Charlemagne tient sans doute un rang principal, et qui déterminèrent aussi les langues d'oïl et d'oc à conserver deux cas de la latinité, par prérogative sur les autres langues romanes; mais, si l'on demande comment il se fit que la France eut le succès, il est facile de répondre que le sentiment des nations catholico-féodales qui formaient un faisceau appartiendrait à qui viendrait s'en saisir. Aussi les oreilles s'ouvrirent partout avec sympathie aux premiers chants de guerre, de chevalerie, de piété et d'amour dans le monde nouveau.

Lorsqu'on se rappelle que, pendant plus de trois siècles, le français fut la langue de la cour, des hautes classes, de la justice, de la politique en Angleterre, et que la langue anglaise, formée d'allemand et de français, ne prit son indépendance qu'au quatorzième siècle, on ne s'étonnera point que tout d'abord elle ait cherché ses inspirations dans notre poésie. Un savant, M. Conybeare, dont le patriotisme saxon n'est pas douteux, a déclaré qu'on ne pouvait contester aux trouvères français l'honneur de l'invention, et le commentateur de Chaucer croit que jusqu'à ce poëte il n'y a pas en anglais de roman qui ne soit d'origine française. Chaucer lui-même (il suffit dans cette brève esquisse de parler de lui),

Grand translateur, noble Geffroi Chaucier,

comme dit un de ses amis, le versificateur français Eustache Deschamps, avait traduit et imité. On peut citer le *Roman de la Rose*, du moins tout ce qui est de Guillaume de Lorris, le *Fablel du Dieu d'amour*, une de nos fictions les plus anciennes et les plus gracieuses, la *Ballade du village*, dont le texte français n'a point reparu. Chaucer emprunta son poëme de *Troïlus et Creseide* à Boccace, qui le devait à un trouvère français du douzième siècle. Au reste, Chaucer a dit lui-même des compositions de nos trouvères : « Des esprits supérieurs se sont plu à *dicter* en français (c'est l'ancien terme pour composer en vers), et ils ont accompli de belles choses. » Il n'est personne qui, en lisant le *Zadig* de Voltaire, ne soit frappé de l'épisode de l'ange qui, sous la forme d'un ermite, se fait pendant quelque temps le compagnon de Zadig ; puis, quand on rencontre ce récit dans l'Anglais Thomas Parnell, on retire à Voltaire cette notable conception ; mais il ne faut pas s'arrêter là : elle se trouve dans les homélies d'Albert de Padoue, mort en 1313, et finalement, au delà d'Albert de Padoue, dans l'un de nos fabliaux les plus remarquables. La *Cymbeline* de Shakspeare, où le plus effronté des hommes, Jachimo, déclare avoir admiré sur le sein gauche d'Imogène une étoile à cinq rayons pareille aux gouttes de pourpre qui brillent dans le calice d'une primevère, est le sujet de *Gerart de Nevers*, où le signe secret

que le perfide Lisiart se vante d'avoir découvert est
une violette. Shakspeare a pris son drame dans Boccace; mais *Gerart de Nevers* est bien antérieur à Boccace, qui l'a imité. En rappelant *Troïlus et Creseide*,
l'ange de *Zadig* et la *Cymbeline* de Shakspeare, j'ai
voulu montrer que la poésie de nos trouvères vit encore, de tous les côtés, de cette vie qui consiste dans
la transmission des conceptions et des formes.

Entre les nations européennes qui reconnaissent
tout ce que leur premier âge littéraire doit aux inventions de notre ancienne poésie, l'Allemagne est, avec
l'Angleterre et les pays scandinaves, un témoin véri-
dique et sincère. La dette contractée par les imitateurs
allemands ne saurait être douteuse, puisqu'ils en font
l'aveu. Charlemagne et ses douze pairs, tous les personnages, tous les caractères poétiques créés par nos
chansons de geste passent en Allemagne, *Roland*,
Amis et Amiles, sous le titre de *Engelhart et Engel-
trut*, *Guillaume au court nez*, etc. Beaucoup de nos
poëmes d'aventures (ce sont des espèces de romans
en vers) y passent aussi, *Flore et Blanchefleur, le
Beau Desconnu* sous le titre de *Wigalois*, l'*Eracles*
de Gautier d'Arras, *la Guerre de Troie* de Benoît de
Sainte-More. Les plus nombreuses de ces imitations
d'outre-Rhin ont pour sujet les preux de la Table
ronde, popularisés de tous les côtés par les rimes de
Chrestien de Troyes. A la tête de ceux qui se disputent
cette mine féconde, il faut placer un des meilleurs
poëtes de l'ancienne Allemagne, Wolfram d'Eschen-
bach, avec son *Titurel* et son *Parzival*, Ulrich de
Zazichoven avec son *Lancelot*, plusieurs autres avec

leur *Tristan*. Des vers entiers des poëmes originaux sont conservés dans ces imitations; ainsi on lit dans le *Tristan* allemand :

> Isot ma druc, Isot m'amie,
> En vous ma mort, en vous ma vie.

A cette époque, il s'introduisit dans l'allemand des mots qui depuis en ont disparu, par exemple *bersen*, pour tirer de l'arc (français, *berser*), *kointiren*, faire le *cointe*, le beau (français, *cointoyer*), etc. Toute cette influence est bien récapitulée par le poëte allemand Uhland « La langue romane française, écrivait-il en 1812, a enfanté un cycle véritablement épique... L'image d'une époque puissamment héroïque, un faisceau de traditions nationales, une action vivement développée, un style naturel et vrai, l'emploi constant du rhythme musical, tels sont les traits distinctifs qui établissent une analogie entre les chants homériques, les poëmes chevaleresques de la France et les *Niebelungen*. »

En Espagne, ni le poëme sur le *Cid*, ni la *Cronica rimada*, ne peuvent passer pour un emprunt fait à nos chansons de geste. Comme ce poëme, le plus national de l'ancienne Espagne et que les copistes ont peu altéré dans sa rudesse primitive, dans ses constructions irrégulières et sa versification par assonances, est à peu près du même temps que notre longue suite de récits guerriers sur Charlemagne et ses premiers successeurs, d'un temps où dominait dans la famille européenne, avec l'unité catholique, une certaine conformité de mœurs, de sentiments et de langage, il semble plutôt inspiré d'un même souffle, d'un même génie ; mais dans presque tous les autres grands poëmes de l'Espagne l'imitation est incontestable. Le curé de *Don Quichotte,* dans son exécution des livres de chevalerie, jette au feu la plupart ; mais ce juge impartial veut qu'on garde *les Douzes Pairs* et tout ce qui parle de la France. L'*Histoire du fameux Tirant le blanc* lui plaît surtout pour le chevalier don Kyrié-Éléison de Montauban et Thomas de Montauban ; il y avait longtemps que nos chevaliers lisaient dans l'original toutes ces charmantes fictions, dont les simples copies désarment la sévérité du curé. Au quatorzième siècle, quand l'archiprêtre de Hita, don Juan Ruiz, versifie *le Lai de Virgile, le Varlet aux douze femmes, la Bataille de Karesme et de Charnage,* et lorsqu'il exalte la puissance de *don Denier (le seigneur argent)* en cour de Rome, on est certain que les joyeux contes et les apologues satiriques colportés par nos jongleurs en Italie et en Espagne étaient venus jusqu'à lui. Dans la *Chanson des Saxons* de Jean Bodel, déjà répandue en Europe dès l'an 1200, Charlemagne ayant exigé quatre deniers de tribut des barons de Herupe, qui se prétendaient exempts de tout *chevage,* les barons, au nombre de cinquante mille, font fabriquer des deniers d'acier qu'ils viennent présenter au bout de leurs lances :

> Chascun en aura quatre, c'est li chevages drois.
> As penons de nos lances les lierons estrois,
> Ou ficherons as pointes des riches fers turcois ;
> Puis irons querre [chercher] Carle à Loon ou à Blois ;
> Où que le trouverons, en riviere ou en bois,
> Offert soit li chevages ensi com par gabois.

Don Nuño de Lara ne parle pas autrement aux hidàl-
gos qui ne veulent pas se soumettre à l'impôt des cinq
maravédis mis par le roi de Castille Alphonse VIII :

> Ios á vuestras posadas,
> Armáos bien á caballo;
> Los cinco maravedis
> Atadlos bien en un paño,
> En las puntas de las lanzas
> Los traigais aquí colgado[1].

Des deux parts, le *gabois* a un plein succès : les barons espagnols ne sont que trois mille; mais Alphonse,
le vainqueur de Las Navas, devant cette manière menaçante de payer l'impôt, recule comme Charlemagne.

C'est au quatorzième siècle que l'Italie, par le génie
de Dante, de Pétrarque et de Boccace, prend à son
tour le haut rang dans la littérature européenne; mais
auparavant elle n'a rien qui, pour l'antiquité ni pour
le succès, puisse rivaliser avec la poésie française.
Françoise de Rimini et son amant lisaient un poëme
français, le *Lancelot,* quand ils se sentirent touchés
de ces *douteux désirs qui les menèrent au douloureux
passage.* Alors, sous le titre de *Reali di Francia,* on
avait abrégé en prose, avec deux ou trois des chansons de geste qui nous restent, quelques-unes de
celles qui ne se sont pas encore retrouvées; en vers,
il s'était fait au moins quarante compositions, toutes
en octave et se rapportant à l'ère de Charlemagne, et

---

1. « Allez à vos manoirs, armez-vous bien à cheval; les cinq maravédis, liez-les étroit dans le pennon, et à la pointe de vos lances
offrez ainsi le chevage. »

dans cet amas de fictions que l'Italie nous avait empruntées, le siècle suivant vit Pulci, Boiardo et l'Arioste puiser leurs épopées burlesques ou héroï-comiques. Le témoignage de Dante mérite d'être cité. « La langue d'oïl allègue pour soi, dit-il dans son traité *de Vulgari eloquio*, qu'à cause de ses formes plus faciles et plus agréables que les autres, tout ce qui a été rédigé en vulgaire prosaïque lui appartient : par exemple, toute la suite des gestes des Troyens et des Romains, les longues et belles aventures du roi Arthur et beaucoup d'autres histoires ou enseignements. La langue d'oc peut prétendre qu'elle est la première qui ait eu des poëtes, comme plus parfaite et plus douce, par exemple Pierre d'Auvergne, et d'autres avant lui. La troisième, celle des Latins, peut s'attribuer deux priviléges : d'abord c'est d'elle que viennent ceux qui ont montré dans la poésie vulgaire plus d'harmonie et plus d'art, comme Cino de Pistoia et son ami; ensuite ils paraissent s'appuyer davantage sur la grammaire, qui est commune, et ceci, à en juger raisonnablement, est un bien grand argument pour eux. » L'ami de Cino de Pistoia est Dante lui-même. Le *vulgaire prosaïque* signifie non la prose, mais les poëmes narratifs qui ne sont pas en strophes régulières et en rimes entrelacées; les poëtes de la langue d'oc, auxquels ils donnent la priorité, sont les auteurs de *canzones* et de *vers* d'amour, genre dans lequel ils paraissent avoir précédé ceux de la langue d'oïl, qui les précédèrent pour la poésie épique. Le latin, c'est l'italien, et le mérite que Dante fait à la langue de son pays d'être plus régulière et plus grammaticale que ne l'avait été celle de la plupart de nos trouvères est dû aux travaux de Dante lui-même, de ses amis et de ses contemporains.

Pétrarque, qui est habituellement hostile à la France et qui parle plus d'une fois de la ville disputeuse de Paris et de cette rue du Fouarre, immortalisée par Dante, où professaient les maîtres de la faculté des arts; Pétrarque, dis-je, qui, remarquant que cette capitale lui avait paru fort au-dessous de la réputation et des louanges mensongères de ses habitants, ajoute cependant qu'après tout c'était une grande chose que Paris, *magna tamen haud dubie res fuit*; il s'inquiéta pour sa chère Italie du succès qu'obtenait partout notre poëme de *la Rose*, et se hâta d'y opposer, comme s'il doutait de la victoire, non la célébrité naissante de la poésie italienne, ni Dante, ni lui-même, ni aucun nom de son temps, mais les plus grands noms de l'antique poésie latine, Catulle, Horace, Ovide, Virgile, tant la réputation que nos poëtes français avaient conquise au dehors lui paraît éclatante et redoutable, tant l'Italie moderne, qu'il n'oublie pas cependant, lui semble à peine suffire pour soutenir la rivalité! Il est vrai que, par un secret retour de patriotisme et peut-être d'amour-propre, il accueille avec défiance tout ce bruit d'une gloire étrangère, et qu'il aimerait mieux croire que c'est Paris et toute la France qui se sont trompés :

> Nisi fallitur omnis
> Gallia Parisiosque caput.

Lorsque Dante, dans un rhythme harmonieux et

touchant, commençait ainsi le second sonnet de *la
Vie nouvelle :*

> O voi che per la via d'amor passale,
> Attendete, e guardate
> S'egli è dolore alcun quanto 'l mio grave,

il imitait un verset de Jérémie ; mais peut-être avait-il
gardé la mémoire de la complainte française faite sur
ce même verset :

> Vous qui alez parmi la voie,
> Arrestez vous, et chascuns voie
> S'il est dolor tel com la moie (mienne).

Les critiques italiens trouvent dans son style beaucoup de gallicismes, et l'un d'eux ajoute qu'il rap-
porta de France autant de nouvelles locutions que
jadis Homère des dialectes de la Grèce. Le fait est
qu'à cette époque les gallicismes font invasion dans
le style italien. Le maître de Dante, Brunetto Latini,
qui écrivait en français avec une grande correction,
dit en italien, comme s'il parlait français, *san faglia*
(sans faille), *manera* (manière), *torno* (tournée),
triare (trier), *zae* (çà), *convotisa* (convoitise), etc.,
tous mots que l'académie de Florence, malgré son
respect pour les vieux textes, a exclus de son dictionnaire comme étrangers. Un auteur du même temps
que Brunetto, c'est-à-dire appartenant au treizième
siècle, dit : *donna gente* (dame gente), *se m'aiuti
Dio* (si m'aïe Deus, ainsi Dieu me soit en aide), *ore-
glie* (oreilles), *per plusor ragioni* (par plusieurs raisons), *accatar* (acheter), *amico tradolce mio* (mon
très-doux ami), etc. Toutes ces locutions, l'auteur

pouvait les lire dans des ouvrages français qui l'a-
vaient précédé de plus d'un siècle. L'académie de la
Crusca n'a pas non plus admis comme italiennes ces expressions de l'historien Villani : *agio* (âge), *semmana*
(semaine), *intamato* (entamé), etc. Dans Boccace,
on signale *dimora* (demeure), *vegliardo* (vieillard),
non a longo tempo (il n'y a pas longtemps), etc.
Fazio degli Uberti, le petit-fils du superbe Farinata
degli Uberti que Dante rencontre en enfer, non con-
tent, en son poëme intitulé *il Dittamondo*, de prendre des mots comme *bigordare* (behourder, jouter),
in transi (en transe), *lice* (lice), fait en français
soixante-treize vers de suite relatifs aux désastres de
Philippe de Valois et du roi Jean.

Il fut donc un temps, et ce temps est le haut
moyen âge, où la France dut à sa littérature de pénétrer d'un bout de l'Europe à l'autre et de s'y faire
partout écouter, et M. Le Clerc a résumé dans une
belle page ce grand succès, lorsque, rappelant celui
qu'obtint plus tard la France du dix-septième et du
dix-huitième siècle, il dit : « Peut-être même, sous
cette espèce de république chrétienne, dont une foi
commune avait fait et perpétué l'unité, la France du
douzième et du treizième siècle eut un ascendant
qu'elle ne retrouva plus aussi complet lorsque cette
unité fut brisée, et que les diverses nations, travaillant
désormais chacune pour leur destinée et leur gloire
à part, se disputèrent, avec une émulation qui dure
encore, une primauté qu'elles avaient paru jadis
reconnaître dans un seul peuple. D'où venait ce
prestige? Nous le redirons en peu de mots : la France

avait surtout conquis les âmes par un attrait qu'on lui a depuis contesté, par la poésie. Laissons en effet tous ses autres moyens d'influence et d'autorité, quelques grands rois, des armées belliqueuses, des expéditions lointaines, des écoles partout renommées, ses théologiens, ses philosophes, ses historiens; souvenons-nous seulement qu'elle a eu des poëtes, des poëtes en langue vulgaire, qui ont été compris et imités aussitôt par l'Angleterre, l'Italie, l'Allemagne, les pays scandinaves, l'Orient. Le poëme héroïque de plusieurs de ces peuples vient d'ici. La France, avec ses chants sur Charlemagne, leur a donné Roland, Olivier, Renaud, les douze pairs. Le genre héroï-comique leur est arrivé en même temps tout plein de gaieté et de verve, dans les *gabs* du grand empereur lui-même, avec les jeunes chevaliers à la cour de Constantinople, dans les intrépides bravades d'Ogier le Danois, dans les scènes bouffonnes où Guillaume d'Orange, devenu moine, se débat contre la règle du couvent et la note inflexible du lutrin. »

III. — *Des principaux genres en vers et en prose.*

Avant de jeter un coup d'œil sur le sujet de ce chapitre, il importe de considérer quelle était l'étendue de l'éducation et de la culture intellectuelle; car ce qui s'enseigne et ce qui forme la culture intellectuelle est le véritable indice de la direction que prendra l'esprit avec l'aide du temps.

26

Dans ce qui s'enseigne alors, la théologie ou la science divine tient le premier rang, comme science de l'orthodoxie chrétienne. Puis viennent, dans le monde des lettres et des écoles, ces connaissances simplement humaines dont les derniers âges de l'antiquité latine avaient légué aux siècles suivants les principales divisions, tantôt respectées fidèlement par les esprits dociles, tantôt agrandies par une ambition de recherche et de progrès qui est l'honneur de l'humanité ; c'est là ce qu'on appelait les *sept arts*. Ce modeste territoire, que la théologie avait bien voulu laisser à des études moins directement soumises à son empire, se partageait en *trivium* comprenant la grammaire, la rhétorique, la dialectique, et en *quadrivium*, comprenant l'arithmétique, la géométrie, la musique, l'astronomie. On aurait pu s'y trouver à l'étroit; mais depuis deux siècles l'intelligence travaillait à élargir les compartiments primitifs. Comme avec la rhétorique on avait la poésie, l'histoire, l'art épistolaire, tout le genre didactique, la traduction, et qu'avec la dialectique on s'ouvrait le champ de la philosophie et les discussions sur les plus hautes abstractions de la pensée, sur la nature et sur la politique, l'esprit humain, sans trop sortir des cadres imposés par l'usage, s'empara de tout ce que nous appelons aujourd'hui les études littéraires et philosophiques. A ce compte, savoir, comme on disait, *trive* et *cadrive*, c'était déjà savoir quelque chose. Cet enseignement mérite d'être comparé avec celui qui se donnait dans l'antiquité classique. On remarque tout d'abord qu'il est fort semblable à ce qui

était chez les Grecs et chez les Romains : les écoles
montraient la grammaire et la rhétorique; elles montraient aussi l'arithmétique et la géométrie. Ceux qui
voulaient aller plus loin s'adonnaient à quelqu'une
des sectes philosophiques qui avaient cours alors;
quant à l'astronomie et à la médecine, c'était l'affaire
des hommes spéciaux. Donc rien n'était changé; seulement dans le moyen âge les choses avaient pris une
forme plus précise et plus consistante : un grand
corps, les universités, était désormais chargé de
donner et de perpétuer l'enseignement. C'était beaucoup, mais aussi c'était tout ce qu'il était possible de
faire. En effet, que par la pensée on essaye d'agrandir
le cercle de cet enseignement, et l'on verra que cela
est absolument impossible, et que, durant un long
espace de temps, les sociétés n'eurent qu'à cultiver
le fonds acquis de manière à profiter des ouvertures
de progrès dès qu'elles se feraient.

Dans cet état de l'esprit humain, trois routes seulement, cela est aujourd'hui démontré par le résultat,
pouvaient être parcourues : c'étaient les sciences,
l'étude des langues et les connaissances psychologiques relatives à la théorie des idées et à celle de la
morale. Ces trois sujets avaient été ébauchés par l'antiquité et furent poursuivis par le moyen âge. Ce point
d'ébauche, on va voir qu'il ne pouvait être dépassé.
Les sciences suivent une hiérarchie déterminée par
les trois degrés des choses mêmes de la nature, degrés qui sont physiques, chimiques et vitaux (c'est
en méthode la plus grande découverte du dix-neu-
vième siècle), et elles reçoivent leur constitution sui-

vant ce même ordre hiérarchique (c'est en histoire une des plus grandes découvertes de notre temps). Appliquons à l'empire romain et à son successeur, le moyen âge, cette notion capitale; on reconnaît, vu que, après les mathématiques, préambule de toute étude positive, l'astronomie avait reçu dans l'antiquité et chez les Arabes le développement purement géométrique qu'elle comportait, on reconnaît, dis-je, que c'était le tour de la physique. Seulement, pour qu'elle parût, il fallait un avancement des mathématiques et de la méthode expérimentale que ne connurent ni l'empire romain ni le moyen âge. Par conséquent, le chemin étant ainsi coupé à la physique, ni la chimie, ni la biologie ne purent paraître; elles restèrent de simples appendices de ce qui était su, et furent gouvernées, ce qui est le caractère d'une science non constituée, soit par des idées chimériques, soit par des théories prises aux notions déjà constituées. Aussi tout le temps fut-il employé essentiellement à entretenir les sciences acquises (mathématiques, astronomie).

Un obstacle de même nature, c'est-à-dire dépendant de la hiérarchie et de la méthode, a empêché qu'aucun progrès considérable ne se fît dans la nature morale et intellectuelle de l'homme. Ces connaissances ne peuvent prendre leur constitution qu'avec la biologie, qui en démontre les conditions organiques, qu'avec la sociologie, qui en démontre le développement historique. En d'autres termes, l'étude du sujet doit suivre l'étude de l'objet. C'est pour cela que les temps que nous considérons ont été pauvres en ce genre, et que notre temps est celui où cette belle et difficile étude a reçu une puissante impulsion.

Quant aux langues, on sait que les Grecs et les Romains, traitant de barbare tout ce qui n'était pas Grec ou Romain, méprisaient les idiomes des peuples étrangers, et ne nous ont transmis aucun renseignement : à l'Orient, sur ceux des Perses ou des Indiens; à l'Occident, sur ceux des Étrusques, des Ibères, des Celtes, des Germains. Le moyen âge, par l'impulsion du christianisme, qui convertissait les idolâtres et luttait contre l'islamisme, donna plus d'attention aux langues; mais l'attention désintéressée et par conséquent scientifique n'est née que de notre temps, et se rattache à toute cette élaboration dont les facultés de l'esprit humain ont été l'objet. Le langage, qui dépend d'une de ces facultés, n'a pu inspirer l'intérêt et être étudié scientifiquement que quand l'ensemble de ces facultés est venu, si je puis ainsi parler, à l'ordre du jour.

Ainsi considéré par rapport à l'antiquité grécoromaine, ce qui s'enseignait alors doit l'être maintenant par rapport à la théologie. A l'origine, le christianisme, maître des âmes par le sentiment, le devint aussi par l'intellect; car, d'après une révélation divine et un livre divin, il proclamait ce qui devait être su et cru de l'origine du monde et de sa destination. Aussi la philosophie, la science, la raison, devinrentelles sans effort, sans contrainte, et par une sorte de vénération filiale, servantes, comme on disait, de la théologie. Ce fut un âge d'or, si par âge d'or on

entend ici une époque organique où la partie morale
et la partie intellectuelle de la société ont trouvé leur
unité; alors les lettres et les sciences humaines étaient
nécessairement ecclésiastiques. Au quatorzième siècle, tout avait commencé de changer; la sagesse
profane prenait un notable domaine, et, bien que
courbée sous le poids des entraves de l'école, c'est elle
qui est destinée à prévaloir et à conduire les nations
modernes à une puissance et à une grandeur qu'elles
ne connaissaient pas. Le quatorzième siècle est dans
les schismes, à la veille des hérésies triomphantes,
à l'avant-veille des entreprises bien plus sérieuses de
la science sur la théologie.

Ces considérations font pénétrer profondément dans
l'enchaînement de la civilisation. Par elles, on voit
comment l'antiquité gréco-latine s'arrêta impuissante
devant des recherches pour lesquelles son esprit n'était
pas mûr, comment, dans cette impasse, le christianisme ouvrit une issue morale et sociale qui mit le
monde sur un degré plus haut, comment le moyen
âge, vivant en plein sous cet ordre, conserva, non
sans l'élaborer, le trésor des anciens enseignements,
comment, cette phase religieuse s'épuisant, ce fut le
tour de la science d'offrir l'issue au monde moderne,
et comment enfin notre temps demande à la science,
suffisamment grandie, une ère de nouvelles conditions
morales et sociales.

Au quatorzième siècle, qui est le point de partage
entre le moyen âge et le monde moderne, la scolastique est encore reine des intelligences; plus tard, la
philosophie et la science la foulèrent aux pieds comme

une simple combinaison de mots et de formules. Alors cette dialectique active et inquiète alarmait certains esprits, et en 1321 Jean de Jandun, dans son *Éloge de Paris*, nous peint « ces hommes spéculatifs, exempts de passions terrestres, et qui ne recommençaient tous les jours que par amour du vrai leurs combats intellectuels. L'objection de l'un est résolue par l'autre ; les réfutations, les répliques se succèdent ; on admire tout ce qu'une main puissante est capable de construire et de fortifier sur le terrain mouvant de la dispute, et l'on ne s'étonne pas moins de tout ce qu'un bras redoutable, sans toucher à la foi, peut détruire ou ébranler. Mais ce que la religion gagne ou perd à une telle gymnastique, Dieu le sait ! » Une telle gymnastique, pour me servir de l'expression de Jean de Jandun, avait mis son empreinte sur toute chose, et M. Le Clerc, qui la signale dans les sermons d'alors, montre que la chaire a continué d'en ressentir l'influence. « Nos grands sermonnaires, dit-il, ont toujours gardé quelque chose de ces anciens modes de la prédication, par exemple la manie de diviser. Qu'ils prêchent le dogme ou la morale, ces preuves échelonnées avec tant d'art, ces catégories si bien rangées, ces distinctions si subtiles, laissent reconnaître en eux les héritiers directs des disputeurs de l'école. Est-ce le caractère propre du genre didactique, est-ce l'habitude invétérée de la controverse, est-ce l'un et l'autre qui font que, chez des orateurs tels que les Bourdaloue, les Massillon, l'œuvre la plus grave de l'éloquence continue de se briser et de s'éparpiller à l'infini en petits points symétriques, en nuances insaisissables, en grains de poussière, en atomes? S'il faut faire la part du genre, qui ne peut se passer de définir et de diviser, il est permis d'y voir surtout, comme Fénelon, un reste de la scolastique, dont l'empreinte, assez visible, malgré les révolutions, dans notre langue, dans notre barreau, dans notre théâtre, a dû naturellement persister là où règne surtout la tradition, dans l'enseignement religieux. »

Un livre célèbre par son mysticisme naïf et pénétrant, l'*Imitation de Jésus-Christ*, a été attribué au quatorzième siècle. Il convient d'entendre là-dessus les observations de M. Le Clerc : « L'ouvrage nous semble, comme à Suarez, de diverses mains et de divers temps. L'humble langage du premier livre ne saurait être l'œuvre de cet esprit plus familiarisé avec l'antiquité profane, plus vif, plus animé, qui se plaît aux grandes images, aux amples développements du troisième livre, et ni l'un ni l'autre n'a le moindre rapport avec la théologie savante et subtile dont le quatrième livre est rempli. Le premier et peut-être le second pourraient venir des chartreux du douzième siècle, et le troisième de quelque moine lettré du siècle suivant. Il n'y aurait point d'invraisemblance à faire descendre le dernier livre jusqu'au quinzième siècle : ce n'est qu'alors que, dans les manuscrits, il vient se joindre aux trois premiers. Quant à Gerson, qui ne justifie la préférence qu'on lui a donnée quelquefois ni par son caractère ni par son style, et au copiste Thomas de Kempis, dont les œuvres ne sont guère composées que des écrits des autres, et qui, lorsqu'il cesse de copier, est souvent un auteur fort ridicule, nous engageons leurs partisans à ne pas oublier qu'il y a en France un manuscrit du premier livre antérieur à Gerson et à Thomas de plus d'un siècle. »

Au premier rang des productions littéraires de ce siècle, on mettra sans hésiter les *Chroniques* de Froissart, qui lui appartient, bien qu'il soit mort dans les premières années du quinzième. Je ne veux rien changer à l'appréciation qu'en a donnée M. Le Clerc : « De ces auteurs de mémoires, un seul est resté populaire, l'ingénieux conteur, le protégé d'une reine, des hauts barons et des nobles dames, qui, par son imagination féconde, la vivacité de sa narration, son style coulant et facile, s'est assuré comme le privilége de se tromper sur les dates, sur les noms de lieux et de personnes, sur le caractère même des événements, et de remanier ses récits toutes les fois qu'il change de protecteur; qui, fier d'avoir vu deux cents hauts princes, outre les ducs et les comtes, se charge, serviteur complaisant, de leur amener les levriers qu'ils se donnent mutuellement comme *accointances d'amour;* dont la verve n'est jamais plus heureuse que lorsqu'il fait célébrer par un *capitaine robeur* le brigandage des compagnies, et le *nouvel argent* qu'elles faisaient tous les jours, sous les ordres des meilleurs gentilshommes, aux dépens d'un riche prieur, d'un riche abbé, d'un riche marchand, sans dédaigner *les bœufs, les brebis, la poulaille et la volaille* du menu peuple; qui, lorsque les paysans, poussés à bout, s'arment de leurs fourches contre leurs nobles seigneurs bardés de fer et se font tuer au nombre de plus de sept mille en un seul jour, loin de reprocher aux vainqueurs l'excès de leur vengeance, est tout prêt à crier avec eux : Mort aux vilains! On sait que le grand admirateur de cette société qui finit est le chanoine Froissart. »

Cette société qui finit n'a plus de poésie. On lui répète encore quelques imitations de ce qui l'avait charmée deux siècles auparavant; mais, à la différence des anciennes compositions, celles-ci, sans couleur et sans vie, n'excitent aucun intérêt hors de la France. Seul, dans la foule, un poëme mérite d'être distingué; mais c'est un poëme héroï-comique, *Bauduin de Sebourc*, où l'auteur des *Variations du langage français* voyait un précurseur de l'Arioste, et où en effet la raillerie et les grandes aventures se mêlent pour se servir de contraste.

Il parut, du temps de Charles V, un grand nombre d'écrits sur le gouvernement. Le *Songe du Vergier* est un dialogue entre un chevalier et un clerc sur la juridiction de la royauté et du sacerdoce. L'auteur, hardi à plus d'un titre, proclame hautement qu'on n'a pas le droit de convertir par force les infidèles : « Nul mescreant ne doibt estre contrainct par guerre ne aultrement pour venir à la foi catholique, et semble que contre les mescreans qui nous guerroient, seulement nous deussions faire guerre, et non contre les aultres qui veulent estre en paix. » Le *Songe du Vergier* n'aurait pas osé sans doute comprendre les hérétiques dans cette abstention pacifique qu'il recommandait à l'égard des infidèles, car saint Thomas avait dit : « L'hérétique ne doit pas seulement être séparé de l'Église par l'excommunication, il doit être retranché du monde par la mort. » A des temps plus élevés en morale que la société catholico-féodale étaient réservées la doctrine et la pratique de la tolérance.

Il était assez fréquent que les trouvères ou les hérauts d'armes célébrassent en vers les tournois mémorables ou la vie de grands personnages auxquels ils étaient attachés. A ce genre appartient le poëme sur la vie et les faits d'armes du Prince-Noir, par Chandos, le héraut de sir John Chandos, connétable d'Aquitaine. Je ne le mentionnerais pas, si parmi tant d'autres détails faits pour intéresser les deux nations, il ne racontait en témoin l'entrevue du prince et du roi après la journée de Poitiers :

> Là fut devant lui amenés
> Li rois Johan, c'est vérités.
> Li prince moult le festoia.
> Qui dampne Dieu engracia,
> Et, pur le roi plus honourer,
> Li voet aider à deservier.
> Mais li rois Johan lui ad dit.
> « Beau douls cosins, pur Dieu, merci,
> Laissez, il n'appartient à moi ;
> Car, par la foi que jeo vous doi,
> Plus avez el jour d'hui d'honour
> Qu'oncques n'eüst prince à un jour. »
> Dont dit li prince : « Sire douls,
> Dieu l'ad fait, et non mie nous.
> Si l'en devons remercier,
> Et de bon cœur vers lui prier,
> Qu'il nous voille ottroier sa gloire,
> Et pardoner ceste victoire. »

Il est un exercice que nos anciens écrivains regardèrent toujours comme une dépendance de l'art de la rhétorique, c'est la traduction ; elle occupe une grande place surtout dans l'histoire littéraire de la seconde moitié du siècle, en raison de la faveur que lui accorda le roi Charles V. Ce travail doit être noté, car il amena l'introduction de beaucoup de mots. C'est ainsi qu'on doit à Pierre Bercheure, traducteur de Tite-Live, les mots *cohorte, colonie, magistrat, tribun du peuple, fastes, faction, transfuge, sénat, triomphe, auspices, augure, inauguration,* et à Oresme, qui traduisit Aristote sur le latin, *monarchie, tyrannie, démocratie, aristocratie, oligarchie, despote, démagogue, sédition, insurrection.*

Dans un genre familier qui eut alors quelque vogue, les fabliaux latins, on cite Gotfried de Tirlemont, qui mit en vers une série de contes où l'on remarque *Brunellus vel Pœnitentiarius lupi* et *Asinarius vel Diadema.* Le *Pœnitentiarius,* c'est la fable des *Animaux malades de la peste;* l'*Asinarius,* c'est le vieux conte de *Peau-d'Ane.* « Perrault n'a pas inventé ses contes, dit M. Le Clerc avec son érudition aussi sûre qu'étendue : *le Petit-Poucet, Barbe-Bleue, Riquet à la Houppe,* viennent de l'Orient. Dans *la Belle au Bois dormant* se retrouve un épisode du roman de *Perceforest;* dans *Cendrillon,* une réminiscence de l'aventure de Rhodopis, qui, pour avoir perdu l'un de ses petits souliers, épouse un roi d'Égypte; dans *le Chat botté, la Chatte de Constantin le Fortuné,* que Straparole avait empruntée du *Pentamerone* napolitain. *Peau-d'Ane* enfin n'est pas non plus de Perrault. On savait bien que cette histoire de Peau-d'Ane, connue de Scarron et de Molière, indiquée par Boileau dès l'année 1669, et que La Fontaine entendait conter avec *un plaisir extrême* seize ans avant les contes de Perrault, n'est point et ne peut être une invention du rédacteur de ces contes. Voilà que nous reconnaissons celui-ci dans les vers latins de Gotfried, qui pouvait en devoir l'idée moins aux *Métamorphoses de l'Ane* d'Apulée qu'aux fables indiennes, dont il circulait en Europe des traductions latines depuis le onzième siècle. »

Un des plus beaux fleurons du moyen âge est la découverte du *déchant* dans la musique. Suivant la définition technique, *discantat qui simul cum uno vel pluribus dulciter cantat, ut ex distinctis sonis sonus unus fiat, non unitate simplicitatis, sed dulcis concordisque mixtionis unione.* En d'autres termes, le déchant est le chant en parties. Cette grande innovation, d'où sont nées l'harmonie et toutes les merveilles de la musique moderne, ne fut pas reçue sans opposition par ceux qui regrettaient l'unisson du chant grégorien. En 1322, elle est blâmée comme dangereuse par une bulle pontificale, et un musicien de ce temps, Jean des Murs, s'écrie : « O douleur ! ô vain prétexte et déraisonnable excuse ! ô grand abus ! grande barbarie ! Oh ! si les anciens maîtres avaient entendu le déchant de ces docteurs, qu'auraient ils dit ? qu'auraient-ils fait ? Ils auraient interrompu le disciple de cette musique nouvelle, et lui auraient dit : Ce n'est pas de moi que tu as appris ces dissonances, et ton chant n'est pas d'accord avec le mien. Loin de là, tu me contredis, tu me scandalises. Tais-toi plutôt ; mais tu aimes mieux délirer et déchanter. »

Le quatorzième siècle est plein aussi d'alchimistes. Le fait est que l'alchimie est un grand office rempli par le moyen âge dans la préparation à la science générale. Faisant le bilan du savoir de l'antiquité, on reconnaît qu'elle fonda les mathématiques et l'astronomie, et qu'elle eut quelques commencements de physique proprement dite. Puis la médecine la conduisit à des ébauches de biologie, la politique à des ébauches de sociologie, tout cela, mathématiques, astronomie, commencements de physique, ébauches de biologie et de sociologie, ne formant que des fragments sans système; d'où le règne, sans conteste, de la philosophie métaphysique. Mais ce qui, en ceci, frappe l'œil habitué à considérer l'ensemble, c'est l'absence de tout rudiment de chimie : cette grande lacune, le moyen âge se chargea de la remplir. Guidé par une hypothèse que rien ne dit être fausse, mais que rien ne dit être vraie, à savoir que les différentes substances ne sont que des modifications d'une même matière, il chercha la transmutation des métaux, n'arriva à rien puisqu'il partait d'une hypothèse vaine, mais créa en chemin, pour la chimie, une ébauche semblable à celle que l'antiquité avait créée pour la biologie : le service est pareil et de haute importance.

Le quatorzième siècle, brillant ailleurs, est terne en France; mais chez nous-mêmes il n'en conserva pas moins l'ardeur au travail et l'activité dans toutes les voies. Beaucoup d'efforts, un succès moindre que les efforts, voilà ce qui résulte de ce vaste résumé où M. Le Clerc a retracé la production intellectuelle de

cent années. Trouver les détails est œuvre d'érudit,
les enchaîner par un lien réel est œuvre d'historien.
Ici, ni l'érudit ni l'historien n'ont fait défaut l'un à
l'autre, si bien que, pour les détails, moi qui rends
compte, je n'ai qu'à choisir, et que, pour l'enchaînement, celui qui lit embrasse, dans une distribution
habilement ménagée, la série des compositions et la
série des influences sociales.

IV. — *De la royauté et de l'ordre laïque.*

Conformément au plan qu'il s'est tracé, M. Le Clerc
a considéré la royauté et l'ordre laïque dans leurs
rapports avec les lettres durant le quatorzième siècle.
Ce siècle s'ouvre par Philippe le Bel, sa querelle avec
la papauté, et la rupture de la monarchie avec le monde
catholico-féodal, non pas quant à la foi, mais quant
au régime ; la royauté commence à se dégager aussi
bien des liens du pouvoir ecclésiastique que de ceux
du pouvoir féodal. « Pourquoi, dit M. Le Clerc, ce
règne est-il une grande date dans l'histoire du monde?
C'est précisément pour cette résistance à la suprématie des papes, résistance victorieuse, dont quelques historiens, même parmi ceux qui profitent de ce
qu'on lui doit, persistent à le blâmer. Ils semblent
oublier combien il fallait avoir alors de sens et de
courage pour combattre la religieuse confiance qui,
depuis plusieurs siècles, remettait la toute-puissance,
et spirituelle et temporelle, entre des mains qu'on

disait infaillibles. » On remarquera que cette tentative aurait pu avorter comme celle des empereurs allemands; mais le temps avait marché, et le roi trouva la nation prête à le seconder. Sans suivre M. Le Clerc passant en revue le roi, le conseil du roi; le parlement, les princes du sang, la noblesse, le tiers état, les états généraux, les universités, les bibliothèques, les copistes et les libraires, je prendrai quelques détails, et je n'ai, je l'ai dit, qu'à choisir.

Les copistes parisiens, soit clercs, soit laïques, étaient renommés pour leur habileté. Guillebert de Metz, le grand admirateur de Paris « en l'an quatorzé cent, quand la ville estoit dans sa fleur, » compte parmi les personnages notables de cette ville : « Gobert, le souverain escripvain, qui composa l'art d'escripre et de taillier plumes, et ses disciples qui par leur bien escripre furent retenus des princes, comme le jeune Flamel, du duc de Berry; Sicart, du roi Richart d'Angleterre; Guillemin, du grand maistre de Rhodes; Crespy, du duc d'Orléans; Perrin, de l'empereur Sigismundus de Rome. »

Quand la ville était en sa fleur !... C'est l'expression de Guillebert, et alors cependant nos désastres frappaient même les étrangers. « Nou, je ne reconnais plus rien de ce que j'admirais autrefois, dit Pétrarque. Ce riche royaume est en cendres; les seules demeures aujourd'hui debout sont celles qui étaient défendues par les remparts des villes ou des forteresses.... Les écoles de Montpellier, que j'ai vues si florissantes, sont aujourd'hui désertes. La Gascogne, l'Aquitaine, ont été dévastées par la guerre et le brigandage....

Paris, où régnaient les études, où brillait l'opulence, où éclatait la joie, n'amasse plus de livres, mais des armes, ne retentit plus du bruit des syllogismes, mais des clameurs des combattants; le calme, la sécurité, les doux loisirs ont disparu. Qui eût jamais imaginé que le roi de France, resté invincible par le courage, serait en effet vaincu, pris, racheté, et qu'à son retour, ô honte plus cruelle encore, il serait contraint, lui et son fils, de faire un pacte avec les bandits pour n'être pas attaqué sur la route? Qui dans cet heureux royaume eût pu se figurer, même en songe, de telles catastrophes? Et si un jour il se relève, comment la postérité voudra-t-elle y croire, lorsque nous-mêmes, qui en sommes témoins, nous n'y croyons pas? »

Bien que saint Louis eût rassemblé dans la Sainte-Chapelle de son palais un certain nombre de livres copiés pour la plupart à ses frais, qu'il aimait à lire, et que cependant il prêtait volontiers, la véritable histoire de la bibliothèque royale ne commence qu'avec Charles V, le jour où il fonda la *librairie* de la tour du Louvre, non, bien entendu, le Louvre actuel, mais l'ancien Louvre, qui fut beaucoup agrandi par Charles V, et dont les restes ont disparu dans le dix-septième siècle. D'anciens documents nous ont décrit les deux étages que le roi fit préparer dans cette tour, et dont les lambris étaient de bois d'Irlande, la voûte de bois de cyprès, et le tout chargé de basses-tailles ou bas-reliefs; les croisées fermées de barreaux de fer, de fil d'archal et de vitres peintes; les bancs, les tablettes, les lutrins et les roues (pupitres tournants)

ajoutés à ceux qui furent transportés de la librairie
du palais; enfin les trente petits chandeliers et la
lampe d'argent allumés le jour et la nuit, afin qu'on
pût travailler à toute heure. En faisant le relevé des
listes qui nous sont parvenues, on a un total de onze
cent soixante-quatorze volumes; mais ces listes ne
comprenaient pas tous les livres du roi. Ce qui fait
pour nous le prix de tous ces titres d'ouvrages, comme
de ceux que possédaient les princes, les princesses,
les seigneurs, les bourgeois même, c'est que nous y
trouvons enfin la plus riche réunion des grands monuments de notre littérature nationale au douzième et
au treizième siècle. « Qu'on ajoute, dit M. Le Clerc, à
cet inventaire les divers documents sur les collections
formées par Philippe le Hardi, duc de Bourgogne,
Jean, duc de Berri, Louis, duc d'Orléans ; qu'on y
joigne les livres cités par le chevalier de La Tour-
Landri, par Christine de Pisan, par l'auteur du *Ména-
gier de Paris*, on verra renaître toute cette vieille
poésie française qui fut quelque temps celle de l'Europe, et que les productions de nos trois derniers
siècles, non pas plus originales, mais d'une plus
grande étendue d'esprit et de savoir, d'un goût plus
pur, d'un langage qui est resté le nôtre, avaient fait
condamner à l'oubli. »

Ceci est le commencement des bibliothèques publiques et laïques. Sous le régime qui précéda, les
bibliothèques étaient ecclésiastiques, et appartenaient
aux couvents et aux chapitres. Elles étaient fort nombreuses et contenaient beaucoup de livres. Tout ce
qui compose dans les bibliothèques d'aujourd'hui les

fonds latins vient de là, et certainement n'en représente qu'une partie; mais à mesure que l'institution
se relâcha, les livres furent négligés, on les laissait se
pourrir, se détériorer, se détruire; on coupait les
marges des manuscrits pour en faire des brevets, des
amulettes; on raclait les feuilles de vélin pour écrire
de petits psautiers qu'on vendait aux enfants. Les
incendies ont anéanti beaucoup de bibliothèques, et
de malheureux hasards ont intercepté des livres
précieux : un des précepteurs de Pétrarque, le
vieux Convennole, perdit le traité de Cicéron sur la
gloire en le mettant en gage chez un usurier, et
cette perte n'a pas été réparée. C'est ainsi que nous
sommes loin de posséder tout ce qu'a possédé le
moyen âge.

Dans le quatorzième siècle, l'université de Paris,
qu'un si grand nombre d'autres, en France et hors de
France, ont proclamée leur mère, fut plus puissante
qu'à aucune autre époque de notre histoire. Jamais
elle n'exerça un tel pouvoir sur les esprits. Tantôt
consultée par les rois, tantôt leur apportant d'elle-
même ses avis, elle acceptait ou se donnait la mission
périlleuse de diriger l'opinion. C'est un signe des
temps, qu'une simple compagnie de maîtres et de
disciples, pendant plus de cinquante ans de ce siècle,
délibère avec les rois, dirige les conciles, fournit des
négociateurs aux papes et aux princes, et envoie d'elle-
même des ambassadeurs chez les nations étrangères.
On trouvera un juste souvenir de ce grand rôle dans
ces paroles qui ne messiéent pas au doyen de la
Faculté des lettres, à l'un des héritiers de ces anciens

maîtres[1] : « Quel que fût l'inconvénient et même le péril de transformer en école près de la moitié d'une grande cité, les témoignages abondent pour nous redire combien était puissant l'attrait de ce vaste noviciat, où la raison humaine s'épuisait en efforts qui peut-être donnaient peu, mais qui promettaient beaucoup. Toute la montagne latine était pour les candidats de la science comme une seconde patrie. Ces rues étroites, ces hautes maisons, avec leurs voûtes basses, leurs cours humides et sombres, leurs salles jonchées de paille, ne s'effaçaient pas de la mémoire. Lorsque les anciens condisciples se rencontraient, après plusieurs années, à Rome, à Jérusalem, ou sur les champs de bataille que se disputaient la France et l'Angleterre, ils se disaient : *Nos fuimus simul in Garlandia* [2]... Faut-il l'avouer? nous ne pouvons aujourd'hui même retrouver sans un certain respect les restes oubliés, et qui disparaissent chaque jour, du vieux quartier de la Montagne, la place où étaient les collèges détruits, et ceux dont nous voyons encore les dernières ruines. Le Petit-Pont, par où les écoles se frayèrent la voie de Notre-Dame à Sainte-Geneviève, la rue Galande, la rue du Fouarre, le clos Bruneau, la rue Saint-Hilaire, voilà les humbles ateliers de l'intelligence et de l'étude, les obscurs laboratoires d'où est sortie la société moderne. »

Les princes de la maison de Valois furent ce qu'on peut appeler, par anticipation, des bibliophiles. Jean, lorsqu'il n'était encore que duc de Normandie, aimait

---

1. M. Le Clerc lui-même.
2. *Garlandia*, c'est aujourd'hui la rue Galande.

déjà les beaux livres; car un acte du 24 octobre 1349
nous apprend que Thomas de Maubeuge, libraire à
Paris, lui avait vendu un *romant de moralité sur la
Bible* quatorze florins d'or. Il avait avec lui, à Poitiers,
un exemplaire de la *Bible historiaux*, sur lequel on
peut encore lire, au Musée britannique : *cest livre
fust pris ove* (avec) *le roy de France à la bataille de
Peyters*. Prisonnier de l'Angleterre pendant quatre
ans, le roi acheta, pour se distraire, des poésies françaises : à Lincoln, un *Roman de Renart*, qui lui coûta
4 sous 4 deniers; à Londres, au moment de rentrer
en France, quelques jours après la paix de Bretagne,
un *Garin le Loherain*, pour un noble ou 6 sous 8 deniers, et le *Tournoiement de l'Antechrist*, pour 10
sols. Les comptes du roi, tenus à Paris en 1351, font
mention de son enlumineur Jehan de Montmartre, et
ceux de Londres, en 1359, de Jacques le relieur de
livres et de Marguerite la *relieresse*. A ce prince, qui
fut moins un roi qu'un gentilhomme frivole et pro-
digue, l'histoire attribue une belle parole : « Quand la
bonne foi serait bannie de la terre, elle devrait se retrouver dans le cœur des rois. » Une complainte du
temps sur la bataille de Poitiers rapporte de lui un mot
que nos annales n'ont pas recueilli :

> Quand li rois se vit pris, si dit par grant constance :
> « C'est Jehan de Valois, non pas li rois de France. »

Ce mot, soit vrai, soit, comme cela est arrivé plus
d'une fois, fait après coup, est d'une grande noblesse.
S'il n'est pas du roi, il est du peuple, car dans la même

complainte on lui conseille de se fier non pas aux nobles, mais au populaire, à Jacques Bonhomme :

> S'il est bien conseillé, il n'obliera mie
> Mener Jaque Bonhomme en sa grant compagnie;
> Guere ne s'enfuira pour en perdre la vie.

Les frères de Charles V, le duc de Berri, le duc d'Orléans, le duc de Bourgogne, furent de grands amateurs des beaux livres et des belles reliures, et nos bibliothèques conservent plusieurs manuscrits provenus de leurs *librairies*. M. Renan, dont le *discours sur les beaux-arts au quatorzième siècle* est un digne et excellent complément de l'œuvre de M. Le Clerc, dit : « Les Valois, au commencement comme à la fin de leur long règne, au quatorzième comme au seizième siècle, se distinguèrent en général par leur goût pour les arts. L'historien de l'art n'est pas toujours amené à porter sur certains personnages les mêmes jugements que l'historien de la politique et des mœurs. Tel tyran des villes d'Italie, souillé de crimes et digne des malédictions de la postérité, occupe dans l'histoire de l'art une place honorable. De même il faut reconnaître que cette dynastie des Valois, à laquelle l'historien politique est en droit d'adresser de si sévères reproches, créa le côté brillant de la civilisation française, et contribua puissamment à fonder la suprématie en fait d'élégance et de goût, qui ne devait plus nous être enlevée. A partir de Philippe de Valois, la cour de France est le centre le plus brillant du monde. Les fêtes, les tournois, les mœurs chevaleresques et polies y attirent le monde entier. Trois ou quatre rois, les rois de Bohême, de Navarre, de Majorque, d'Écosse, une foule de princes à peu près étrangers à la France y fixèrent leur résidence habituelle. Paris réglait la mode et fixait les regards de l'Europe entière. Philippe de Valois et son fils Jean apparaissent en quelque sorte à l'imagination de leurs contemporains comme des rois de chansons de geste, passant leur vie en guerres et en fêtes, dans un cercle continu d'actions brillantes et de spectacles... Il est bien permis de regretter qu'à tant de qualités séduisantes ils n'aient pas joint un peu de gravité et de raison; car l'art véritable ne va pas sans une solide culture du jugement; de joyeuses folies ne suffisent pas pour produire des œuvres durables et un mouvement d'art vraiment fécond. »

Paris était alors, aux yeux des contemporains, une ville magnifique. Jean de Jandun, dont j'ai déjà parlé, après avoir loué avec un vif sentiment d'admiration l'église de Notre-Dame, ajoutait : « Que dire de cette chapelle qui semble se cacher par modestie derrière les murs de la demeure royale, si remarquable par la solidité et la perfection de sa construction, par le choix des couleurs dont elle brille, par les images qui s'y détachent sur un fond d'or, par la transparence et l'éclat de ses vitraux, par les parements de ses autels, par ses châsses resplendissantes de pierres précieuses? En y entrant, on se croit ravi au ciel et introduit dans une des plus belles chambres du paradis. Le palais pourrait contenir tout un peuple. Là, dans une vaste salle, sont les statues des rois de France, si vraies dans leur expression qu'on les croirait vivantes; là aussi est cette immense table de marbre où les convives sont tournés vers l'orient, et dont la surface polie est illuminée par les rayons du soleil couchant à travers les vitraux des fenêtres opposées. Quant aux hôtels des rois, des comtes, ducs, chevaliers, barons ou des prélats de l'Église, ils sont si grands, si nombreux, que, réunis à part des autres maisons, ils pourraient former une grande ville. »

Qu'on ajoute à ce tableau du palais la description telle que M. Renan la donne de l'hôtel Saint-Paul, où résidait le roi, du couvent des Célestins, du vieux Louvre, de l'hôtel d'un bourgeois, maître Jacques Duchié, en la rue des Prouvelles, etc., et il ne sera pas douteux que Paris, dans le goût du moyen âge, et même, à vrai dire, dans le goût de tous les temps, était une ville belle et ornée. A ce propos, je ne puis m'empêcher de remarquer avec regret combien Paris brillerait entre toutes les capitales, si à côté des splendeurs du temps voisin de nous il pouvait montrer un plus grand nombre d'échantillons des splendeurs du temps passé, si ses magistrats avaient de siècle en siècle mis à part et conservé quelque beau couvent, quelque bel hôtel, quelque belle maison, et si de la sorte on pouvait remonter haut dans l'histoire de cette cité qui, des villes grandies après la chute de l'empire romain, est la plus vieille et la plus noble, car elle a vaillamment combattu contre Jules César.

A ce point, M. Renan se demande pourquoi la France ne fit pas la renaissance. « Au onzième et au douzième siècle, dit-il, la France surpasse de beaucoup l'Italie dans toutes les directions de l'art. L'Italie, à cette époque, n'avait rien à comparer à nos basiliques romanes, aux peintures de Saint-Savin, au portail de Saint-Gilles, près d'Arles. Au treizième siècle, la France égale encore sa rivale; sans doute elle n'eut pas de Giotto, mais elle eut des architectes supérieurs à ceux de toute l'Europe. Au quatorzième, la France est définitivement dépassée. » Pourquoi? Il vaut la peine de chercher une réponse à cette question. M. Renan, écartant les désordres politiques qui ne furent pas moindres en Italie qu'en France, indique le grand développement des institutions républicaines en Italie et la multiplicité des petites cours italiennes, le caractère de la bourgeoisie française plus rangé que celui de la bourgeoisie italienne, le catholicisme français plus triste et plus austère que celui de l'Italie, plus d'élégance dans le type et dans les manières en Italie qu'en France. Il conclut que la fortune de l'art italien tient à des causes profondes et à la supériorité même du génie de l'Italie, et il ajoute qu'on ne doit pas oublier que cette Italie qui produisait la renaissance des arts présidait en même temps à la renaissance des lettres et de la pensée philosophique, à ce grand éveil, en un mot, qui, trop tôt contrarié chez nous, replaçait l'humanité dans la voie des grandes choses, dont l'ignorance et l'abaissement des esprits l'avaient écartée.

Sans nier l'influence des circonstances alléguées, je pense qu'elles sont secondaires, et qu'il faut s'élever plus haut pour ne rien introduire dans cette grande question qui implique contradiction. En effet, si ce sont là les circonstances qui ont développé l'art et les lettres en Italie, quelles sont donc celles qui plus de deux siècles auparavant ont développé l'art et les lettres en France? Et si l'*ignorance et l'abaissement des esprits avaient écarté l'humanité de la voie des grandes choses* dans laquelle l'Italie l'a replacée, à quoi bon parler du grand éclat qu'eurent l'art et les lettres en France pendant les onzième, douzième et treizième siècles? L'histoire ne permet pas de dire qu'on y soit rentré par l'Italie au quatorzième siècle; on y était rentré bien auparavant par la France dès le onzième siècle.

Il faut noter ici, en préliminaire, que toute discussion sur la marche et le développement de l'art est très-ardue, parce que l'art ne porte pas, comme la science, la marque évidente d'un accroissement successif. La contradiction avec l'histoire que j'ai signalée plus haut à l'égard de la France reparaît sous une autre forme à l'égard de l'art du moyen âge en général. M. Renan dit que l'art du moyen âge tomba par des défauts essentiels, n'ayant pas su s'élever à la perfection de la forme, que la renaissance n'est pas coupable de l'avoir étouffé, qu'il était mort avant qu'elle commençât à poindre, et mort faute d'un principe suffisant pour l'amener à un entier succès. Soit; mais à quoi attribuerons-nous la mort de l'art antique, de l'art grec, mort qui ne fut pas moins complète que celle de l'art du moyen âge? Dès le quatrième siècle de l'ère vulgaire, avant la chute de l'empire romain, les beaux-arts, les belles-lettres étaient dans une pleine décadence et ne produisaient plus rien qui eût vie, souffle, imagination. La beauté antique succomba comme fit plus tard la beauté féodale, et cependant personne ne nie, sauf peut-être de fanatiques admirateurs du moyen âge, qu'elle n'eût un principe suffisant pour la porter à un entier succès, et qu'elle ne dût s'élever à la perfection de la forme.

L'art antique, pas plus que l'art du moyen âge, ne survécut au sentiment religieux et poétique qui les avait créés; mais, dira-t-on, il y a eu renaissance pour l'un, et l'autre est demeuré enseveli. Cela même n'est pas tout à fait exact, car l'on sait comment l'art du moyen âge a de nos jours fait preuve de vie et reparu dans les lettres, dans l'architecture, dans la sculpture, dans la peinture. A vrai dire, il n'y a eu ni pour l'un ni pour l'autre de renaissance, et c'est autre chose qui, depuis qu'on se remit en communication avec l'antiquité grecque au seizième siècle, est revenu à la lumière. Ce qui est revenu, c'est la faculté d'apprécier et de sentir les formes que la beauté a revêtues dans les âges féconds, et de se composer ainsi un idéal de plus en plus étendu, rayonnant et magnifique. Au seizième siècle, on ne fut capable de saisir l'art antique que dans sa forme littéraire; le reste demeura muet. Au dix-septième, l'art grec est encore ignoré, on ne le connaît et l'apprécie que sous la forme latine, qui est inférieure. Parlez, si vous l'osez, aux gens du dix-septième et du dix-huitième de l'art gothique. C'est seulement de nos jours que l'art du moyen âge est senti et reconnu.

Il y a illusion à penser que l'art antique pouvait se transmettre directement aux époques subséquentes. Cela est impossible, puisque le flambeau s'en éteignit entre les mains de l'antiquité elle-même. Il fallut le rallumer, et ce fut la charge du moyen âge. Là, dans le laps de quelques siècles, depuis le onzième jusqu'au quinzième, on peut voir comment l'esprit des temps, à la fois poussé par son originalité propre et soutenu par les restes d'une tradition qu'il ne perdit jamais et respecta toujours, créa un nouvel idéal qui satisfit aux sentiments et aux aspirations du monde d'alors, car il n'y a point d'art ni d'idéal en dehors de ces conditions. Aujourd'hui on peut dire, on doit dire, en le prenant dans son ensemble, qu'il a bien rempli son rôle intermédiaire entre ce brillant paganisme, qui s'était laissé mourir d'épuisement et de vieillesse, et la puissante civilisation moderne, qui embrasse d'un coup d'œil sympathique et intelligent tous les temps et tous les lieux.

Ainsi échut à l'art un moyen âge, comme il en échut un aux institutions religieuses, politiques, sociales ; et ici au mot d'art je donne un sens étendu, y comprenant aussi bien les belles-lettres que les beaux-arts, c'est-à-dire embrassant sous ce terme l'expression de la beauté intellectuelle, soit poétique, soit plastique, soit musicale. La seule hypothèse à laquelle je puisse songer, non pas pour refaire l'histoire, ce qui serait puéril, mais pour s'habituer à considérer un sujet historique sous toutes ses faces, la seule hypothèse, dis-je, serait d'imaginer que les barbares ne sont pas venus, que la barbarie ne s'est pas mêlée à la civilisation, que l'empire romain, se dissolvant de lui-même, s'est reconstitué en des nationalités dont les limites étaient toutes marquées d'avance, et que l'art, inspiré par un nouvel état social, a cherché son idéal en demeurant plus près des enseignements de l'antiquité. Même dans cette hypothèse, on reconnaît que les linéaments essentiels du moyen âge sont conservés, car il faut toujours qu'il reproduise l'esprit nouveau que le christianisme réprésente en face du paganisme.

Je l'ai dit plus haut, ce qui rend difficiles les discussions historiques sur l'art, c'est qu'on n'y remarque pas les phases ascensionnelles, si visibles dans le developpement de la science. Aussi faut-il donner, pour le progrès dans l'art, une définition différente de celle qu'on donne pour la science, et dire qu'il se développe quand d'âge en âge il devient autre, en restant conforme à la beauté.

V. — *De la papauté et de l'ordre religieux.*

Si l'ordre laïque sort de la subordination, l'influence de l'ordre religieux n'en demeure pas moins très-grande. Trois aperçus historiques, sans lesquels M. Le Clerc n'aurait pu maîtriser sa matière, dominent dans son ouvrage : le caractère laïque du quatorzième siècle, le grand éclat littéraire de la France dans les hauts temps, et l'action des conditions sociales et des pouvoirs politiques et ecclésiastiques. De la sorte, on a une vue réelle et grande de ce siècle tel qu'il fut en France, et même tel qu'il fut en Occident, si l'on ajoute que la France fut le principal théâtre de la lutte entre

les deux pouvoirs, et que l'Italie prit la position éminente dans les lettres et dans les arts.

Avec le quatorzième siècle s'ouvre l'ère papale que
l'Italie a nommée dès lors la captivité de Babylone,
et qu'elle n'a jamais cessé de reprocher à la mémoire
des papes d'Avignon. Ils appartiennent tous par leur
naissance à des provinces du midi, ou déjà françaises,
ou qui allaient bientôt le devenir. Ce fut Philippe le
Bel qui transporta la papauté dans la ville d'Avignon
en provoquant l'avénement du Gascon Bertrand de
Got, évêque de Comminges, puis archevêque de Bor-
deaux, et devenu célèbre sous le nom de Clément V.
On ne peut ajouter foi à l'anecdote racontée par le
chroniqueur Jean Villani, que le roi et le futur pape
se virent dans une abbaye au fond d'un bois près de
Saint-Jean-d'Angély, et firent entre eux un trafic des
choses saintes en un contrat en six articles, avec serment sur l'hostie; mais la remarque de M. Le Clerc
est juste : on rencontre à tout moment, dans l'histoire,
de ces anecdotes suspectes ou fausses, qui ont un fond
de vérité. Ici la rumeur populaire mettait en action
ce qui était dans la pensée de tous, c'est-à-dire la
condescendance des papes, durant trois quarts de
siècle, pour la politique des rois de France. Ajoutons
avec M. Le Clerc : « Cette longue confiscation de la
papauté au profit d'une nation que ses rois surent
mettre et maintenir en possession de la tiare, et qu'une
suprématie, respectée de tout le monde catholique,
aida puissamment à résister aux plus cruelles épreu-
ves, ne fut point perdue pour l'émulation des esprits,
pour l'avancement des connaissances humaines. L'en-

seignement des universités, la jurisprudence canonique et civile, l'étude de la géographie et des langues favorisée par les missions lointaines, surtout par les missions asiatiques, doivent beaucoup à ces papes gascons et limousins qui se succèdent dans leur nouvelle Rome, dans leur ville pontificale d'Avignon. »

Un des hommes les plus illustres du quatorzième siècle, Pétrarque, résida beaucoup à la cour d'Avignon. Des préventions contre lui, ou parce qu'il était poëte, ou parce qu'il avait été l'ami de Cecco d'Ascoli, poëte aussi, mais brûlé comme magicien en 1337, avaient été suggérées à Innocent VI ; toutefois Innocent ne fut pas un ennemi des lettres, et ces préventions s'évanouirent de son esprit. Lorsque Pétrarque est informé à Milan par son ami le cardinal Talleyrand que le pape, qui venait de donner au poëte deux bénéfices et lui en promettait d'autres, veut qu'il soit secrétaire apostolique : « Est-ce possible ? dit-il dans sa réponse. Lui qui me croyait sorcier, sorcier parce que je lisais Virgile ! Combien de fois ne l'a-t-il pas soutenu opiniâtrément contre vous et mes amis ! Combien de fois aussi n'en avons-nous pas ri ensemble, même en présence du pape, alors cardinal, dans le temps où il y croyait plus que jamais ! La chose devint sérieuse quand il fut pape. Aussi, malgré vous, je partis sans prendre congé de lui, craignant que ma sorcellerie ne lui fît tort, ou à moi sa crédulité. »

L'Italie disputait sans cesse à la France la papauté d'Avignon. Urbain V, bien que Français (il avait professé le droit à Montpellier, à Toulouse, à Paris), songeait à rentrer à Rome. La cour de France le fit deux

fois haranguer. Le début d'une de ces harangues, où
l'auteur suppose un dialogue entre le père et le fils,
c'est-à-dire entre le pape et le roi de France, mérite
d'être rappelé : « Le fils : *Domine, quo vadis ?* — Le
père : *Romam.* — Le fils : *Iterum crucifigi.* » On ne
peut s'empêcher de comparer le temps présent à cette
époque passée : aujourd'hui l'Italie dispute Rome au
pape, et elle ne réclamerait pas la papauté, si la papauté résidait encore dans Avignon. Il faut ajouter
que, l'hérésie ayant grandement entamé le domaine
du christianisme, la papauté a perdu le caractère d'uni-
versalité qu'elle possédait au moyen âge, et qu'elle
n'est plus que le pouvoir spirituel des catholiques.

Nous avons les testaments de plusieurs des cardinaux de la cour d'Avignon. Ces princes de l'Église
étaient fort riches ; parmi leurs actes de munificence,
on remarque les encouragements que la plupart d'entre
eux donnent, dans ces pièces, à l'étude et à l'instruction. Un grand nombre de colléges à Paris et dans les
provinces sont fondés par eux. Ces testaments nous
intéressent aussi par les catalogues qu'on y trouve
souvent des livres légués par les testateurs et qui nous
font connaître, avec leur goût pour les lettres, le genre
d'études qu'ils avaient préféré. Un ami de Pétrarque,
le cardinal Philippe de Cabassole, dans son testament
du 27 août 1372, dote la ville épiscopale de Cavaillon
d'une vraie bibliothèque publique, établie près du
chapitre. Un des types remarquables de ces grandes
existences qui conciliaient la dignité d'un prince de
l'Église avec l'amour et la protection des lettres, avec
le luxe et les plaisirs de l'opulence, avec les intrigues

et le tumulte des affaires, est Talleyrand de Périgord, qui, après de sérieuses études, surtout en jurisprudence, et la mort de sa femme, fille du comte de Vendôme, fut successivement abbé de Chancelade, évêque d'Auxerre, cardinal du titre de Saint-Pierre-aux-Liens, qui, dans ses plus grands honneurs, réserva toujours quelques heures aux libres distractions de l'esprit, et qui, touché du gracieux génie de Pétrarque, l'aurait fait nommer par le pape, si le poëte avait voulu, secrétaire de ses brefs apostoliques ; aussi le poëte reconnaissant disait-il de son patron qu'il y avait plus de gloire à faire des papes qu'à l'être soi-même. Voilà pour les lettres. Pour le reste, nous savons la part que ce cardinal prit dans les négociations avant et après le désastre de Poitiers, le soupçon qui pesa sur lui d'avoir été complice, avec son neveu Charles de Duras, du meurtre d'André, roi de Naples, imputé à la reine Jeanne, enfin cette réponse légère, mais non sans vraisemblance, à ceux qui lui reprochaient de combattre dans le conclave l'élection de Jean Birel, l'austère prieur des chartreux : « Avec un tel pape, il nous faudrait, le jour même, envoyer nos beaux palefrois à la charrue. »

Durant ce siècle, les évêques furent tous occupés par d'opiniâtres querelles contre les ordres mendiants, qui voulaient s'emparer de la confession, de la prédication, des funérailles et des principaux droits du clergé séculier, et peu s'en fallut qu'ils ne fussent vaincus. Des témoignages certains de la splendeur toute féodale que plusieurs prélats avaient fait succéder à la simplicité des premiers siècles nous ont été conservés par leurs testaments; ils y rivalisent de somptuosité et de raffinement avec les seigneurs temporels, avec les princes, avec les rois, et plusieurs, comme les cardinaux, songent à honorer leur mémoire en fondant des colléges et en les choisissant souvent pour héritiers de leurs belles collections de livres.

A la suite des évêques, dans la hiérarchie séculière, viennent les archidiacres, les doyens, les prévôts, les chanoines des églises, en un mot tous ces prêtres, tous ces membres du clergé qui dépendent de l'ordinaire. De grands services furent rendus aux lettres par ces corps permanents, qui aimèrent presque toujours les livres, ne dédaignèrent pas d'en admettre de profanes auprès de leurs rituels, et qui excellèrent de bonne heure dans l'art d'acquérir et de conserver. Les plus anciens manuscrits nous viennent des bibliothèques capitulaires, où ils étaient, pour ainsi dire, consacrés à l'égal du trésor des églises. Les premières écoles publiques furent aussi les écoles instituées près des chapitres. A Paris, on voit celles du parvis de Notre-Dame s'étendre insensiblement jusque sur le Petit-Pont, et de là gagner de proche en proche la montagne où s'est formé le quartier latin. Du même chapitre relevèrent les petites écoles de la ville et des faubourgs, et il donna jusqu'à la fin un chancelier à l'université. C'est un de ses chanoines, l'abbé Legendre, qui, par un legs accepté en 1746, a fondé le concours général entre les colléges de Paris.

Le concile général ouvert à Vienne le 16 octobre 1311 rendit un décret sur l'enseignement des langues orientales. Il avait été décidé que dans toute ville où

résiderait la cour pontificale et dans les universités de
Paris, d'Oxford, de Bologne et de Salamanque, il y
aurait des chaires pour l'hébreu, l'arabe et le chaldéen,
avec deux maîtres pour chaque langue; mais cette
mesure, fort sage pour la religion et fort utile pour les
lettres, ne fut point exécutée. Renouvelée presque
aussi vainement par le concile de Bâle en 1434, il fallut venir jusqu'à la renaissance pour la mettre en
pleine vigueur et pour fonder dans l'Occident l'étude
des langues orientales, qui est devenue si importante
de notre temps. C'est ce concile de Vienne qui ordonna
que toutes les bulles préjudiciables à l'honneur, aux
droits et aux libertés du royaume de France, dans le
débat entre Philippe le Bel et Boniface VIII, fussent
non-seulement révoquées, mais effacées du registre
pontifical. Jusqu'à présent cette radiation sur le registre avait pu paraître douteuse; mais Tosti, le dernier
historien de Boniface VIII, a eu la douleur de retrouver, de transcrire et de publier, d'après les archives
secrètes de Rome, l'attestation du notaire apostolique
chargé d'effacer les bulles par un évêque et un cardinal
qui disent en avoir reçu l'ordre du saint-père lui-même,
Clément V. L'historien ajoute : « On pleure sur la faiblesse du pape plus que sur la méchanceté du prince. »

Un sage écrivain qui connaissait bien l'histoire ecclésiastique, Fleury, a dit, en parlant des ordres religieux au quatorzième siècle : « Cette sainte institution
était alors en sa plus grande décadence. » Le jugement
de M. Le Clerc, qui n'est pas autre, ne devra donc
pas sembler sévère. Ce n'était plus le temps où les
chartreux de Paris, sachant que le comte de Nevers,

celui qui mourut en 1175, voulait leur donner des vases d'argent, lui faisaient entendre qu'ils aimeraient mieux du parchemin pour leurs copistes, et où Guibert de Nogent disait d'eux : « Ils sont pauvres, mais ils ont de riches bibliothèques. » En revanche, c'était le temps où, faisant aux chanoines de Saint-Victor de Paris le reproche de n'être pas des observateurs bien rigoureux de la règle, on prétendait dans un apologue latin que le loup, devenu moine, les jours où il désespérait de pouvoir s'accoutumer au maigre, se faisait chanoine.

Ainsi les ordres religieux sont tombés au-dessous de leur ancienne fortune, et quelques-uns sont tout à fait dégénérés. Cependant il ne faut point les quitter sans jeter un coup d'œil sur les deux ordres nouveaux, les dominicains et les franciscains, qui, créés dans le siècle précédent, jouent un grand rôle dans le quatorzième siècle ; car les uns sont des inquisiteurs et se chargent avec une rigueur inflexible de contenir dans les étroites limites de la foi les esprits qui s'en écartent ; les autres sont des agitateurs qui rêvent une société nouvelle et qui inquiètent les papes et les rois. Nous ne pouvons résister au désir de mettre sous les yeux du lecteur la belle page où M. Le Clerc dépeint les uns et les autres : « Leurs moyens d'agir (des dominicains et des franciscains) sur les esprits ont, dit-il, été différents. Les disciples de saint Dominique ont aspiré à la suprématie par le savoir, l'éloquence, la richesse, et malheureusement aussi par les supplices ; les fils de saint François par l'étalage de la pauvreté et de l'humilité, par la hardiesse des doctrines et des exemples populaires. Nous remarquerons chez les uns plus d'habileté, d'aptitude au gouvernement, de cette gravité qui convient à la domination ; chez les autres, plus de goût pour les innovations profondes et hasardeuses, de cet élan désordonné qui entraîne les multitudes. Les frères prêcheurs avaient, pour réussir en France, les avantages de l'esprit et du savoir, la suite et la persévérance dans les plans ; les frères mineurs, pour plaire à l'Italie et à l'Espagne, de longues files de leurs bandes enthousiastes, les flagellations de leurs pénitents, les saillies d'une imagination ardente, la prodigalité des miracles. Dans leurs œuvres littéraires, les uns, avec de la régularité, de la méthode, le respect scrupuleux des dogmes, multiplient beaucoup trop les menaces judiciaires, les anathèmes, les sentences de mort ; les autres, non moins téméraires comme écrivains que comme théologiens, abondent en rêveries, en fantaisies, en visions. Ils ont, des deux côtés, en abusant de l'Évangile, affaibli plutôt que fortifié la papauté, pour laquelle il y avait trop de péril à blesser, avec les uns, le cœur humain, qui se soulève tôt ou tard contre la cruauté, avec les autres, le bon sens, tôt ou tard rebelle aux expériences qui ébranlent les fondements de la société. »

On a brûlé en ce siècle plus de franciscains que de templiers. Une anarchie à demi politique, à demi théologique, avait pénétré dans les rangs des disciples de saint François. La seconde moitié du treizième siècle et le quatorzième siècle furent agités par une doctrine désignée ordinairement sous le nom d'*Évangile éternel* et qui était certainement sortie de leur imagination entreprenante. A-t-il jamais existé un livre sous ce titre? Jusqu'à quel point leur général Jean de Parme ou quelqu'un de ses moines a-t-il dû être soupçonné d'avoir sinon fabriqué, du moins répandu et accrédité le texte de la nouvelle promesse? Ces questions sont loin d'être encore résolues. Quoi qu'il en soit, nous avons la condamnation qui fut portée contre une Introduction à l'évangile définitif, *liber introductorius*, espèce de préface composée d'un choix de textes que le nom de l'abbé Joachim, ce prophète d'un nouvel âge, paraissait avoir consacrés. Entre les propositions condamnées, la première est celle-ci : « Vers l'an 1200 de l'incarnation du Seigneur, l'esprit de vie étant sorti des deux Testaments, naquit l'*Evangile éternel*. » Dans ce livre était dit sans cesse avec des similitudes variées que l'*Evangile éternel* surpassait et achevait les deux révélations antérieures : « L'Ancien Testament n'était encore que la clarté des étoiles, ou le vestibule du temple, ou le brou de la noix, le nouveau, la clarté de la lune, le sanctuaire, la coquille, tandis que l'*Evangile éternel* nous apporte la clarté du soleil, le saint des saints, la noix elle-même. » Ce nouvel Évangile, ce troisième Testament devait amener parmi les hommes la félicité universelle par la pauvreté des spirituels et des parfaits et par la communauté des biens. L'avénement en avait été fixé à l'an 1260, et, comme rien n'arriva cette année-là de ce qui avait été prédit, d'autres prophètes y substituèrent l'an 1325 ou 1335, puis 1360 et 1376. Le tiers ordre de saint François, les *fraticelles*, les mendiants, les flagellants s'agitèrent sous l'aiguillon de ces promesses et troublèrent profondément la société. Les papes sévirent, et plus d'une fois alors il fut question de supprimer les franciscains, comme plus tard furent supprimés les jésuites. Quelques-unes des propositions condamnées du *liber introductorius* montrent quelles idées d'insubordination et d'ambition fermentaient parmi ces moines. « L'Église romaine, disaient-ils, ne possède que le sens littéral du Nouveau Testament, et n'en a pas l'intelligence spirituelle; aussi les spirituels (c'est-à-dire les religieux) ne sont pas tenus d'obéir à l'Église de Rome, ni d'acquiescer à son jugement dans les choses qui sont de Dieu... Ce qu'on appelle le Nouveau Testament est pour nous l'Ancien, et doit être rejeté... Le Christ et ses saints apôtres n'ont pas été parfaits dans la vie contemplative. L'ordre des clercs, fait pour la vie active, ne suffit plus à l'édification, au salut, au gouvernement de l'Église; l'ordre des moines ou des contemplatifs peut seul l'édifier, la sauver, la gouverner. » A Marseille, en 1318, furent brûlés quatre franciscains qu'on appela les quatre martyrs, jugés coupables d'avoir propagé la doctrine sur la pauvreté absolue des spirituels et des parfaits. Vingt et un prévenus, qui étaient dans les prisons, réussirent, après ce supplice, à s'échapper en faisant au pape Jean XXII et à la papauté de terribles adieux : « Nous fuyons, non pas l'ordre, mais ses murailles; non pas l'habit, mais des haillons; non pas la foi, mais le masque de la foi; non pas l'Église, mais une synagogue aveugle; non pas le berger, mais le loup qui dévore le troupeau. Comme, après la mort de l'Antechrist, ses partisans seront exterminés, ainsi, après la mort de ce pape,

seront exterminés par nous et nos amis tous nos per-
sécuteurs, et à jamais révoquées toutes les sentences
iniques prononcées contre nous, ou plutôt contre le
Christ, contre la vie, contre la perfection, contre le
saint Évangile. »

Aux dominicains était confiée la répression ; elle
fut terrible. Plus le gouvernement des âmes devenait
difficile, plus, par la funeste tendance des doctrines
absolues, on se persuadait que les supplices étaient le
seul remède à employer contre le plus grand des crimes, un crime absolu, l'erreur dans la foi. L'inquisition, ce droit de régner par la terreur qu'ils obtinrent dès leur origine contre les Albigeois et qu'ils ne
partagèrent qu'un instant avec les franciscains, leur
donna le privilége de faire la guerre et une guerre d'ex-
termination à toute liberté de parler et d'écrire. Le
quatorzième siècle fut celui de leur plus grand pouvoir,
surtout en France. Ils ont remarqué les premiers que
tous leurs généraux, à l'exception d'un seul, ont été,
pendant la papauté d'Avignon, originaires de nos provinces. Le saint-siége trouva dans leur ordre ses plus
fidèles serviteurs : surveillants et vengeurs du dogme,
ils défendirent la cause pontificale comme prédica-
teurs, comme maîtres de théologie, comme écrivains.

Ceux qui pensent que l'inquisition fut étrangère à
la France commettent une grave erreur historique. Il
est certain que ce terrible tribunal finit par quitter notre
sol, et que nos derniers siècles n'eurent point à souffrir de cette oppression qui écrasa pour un temps le
noble et puissant génie de l'Espagne ; mais au treizième et au quatorzième siècle l'inquisition était

établie en France du nord au midi. On la trouve à Toulouse, à Carcassonne, à Marseille, à Narbonne, à Bar-le-Duc, à Metz, à Douai, à Saint-Quentin, à Paris. Les fonctions inquisitoriales s'y exerçaient dans leur pleine rigueur, et Paris, en 1304, vit livrer aux flammes cent quatorze vaudois.

Ces brûleurs d'hommes étaient aussi des brûleurs de livres. Avant l'imprimerie, de telles exécutions ont anéanti beaucoup de documents. Il paraît que tous les livres des cathares ont été détruits; ceux qui restent des vaudois sont en bien petit nombre. On doit regretter aussi, pour l'histoire de l'esprit humain, cette bibliothèque d'ouvrages de toutes les sectes, amassés pendant quarante ans par le marquis de Monferrand en Auvergne, et qu'il ordonna de jeter au feu, vers 1215, sur le conseil des dominicains, à peine établis dans le pays. Leur inquisition fit brûler à Toulouse, en 1315, de nombreux exemplaires du Talmud, condamné par des experts qui, dit la sentence, savaient l'hébreu. On en brûle une fois deux charretées, y compris sans doute d'autres ouvrages rabbiniques. Rien n'est plus commun que de brûler le Talmud, et quelquefois des Juifs avec le Talmud. M. Le Clerc pense que durant ces persécutions beaucoup d'autres livres ont dû disparaître : les traductions de l'Écriture sainte, longtemps encouragées et ordonnées par les conciles, puis sévèrement prohibées; les hardiesses des poëtes du Nord et du Midi contre la toute-puissance ecclésiastique; un grand nombre de poëmes de l'ère carlovingienne, trop peu respectueux pour le clergé, et qui, dans le midi surtout, n'ont guère laissé de traces que leur titre. Que sont devenus tous ces poëmes de chevalerie continuellement cités par les troubadours ? Il s'en retrouve beaucoup plus dans la langue d'oïl que dans la langue d'oc, bien que la plupart eussent été rédigés dans l'une et l'autre ; mais souvent les deux rédactions ont péri.

Il importe de citer les réflexions que la législation inquisitoriale a inspirées à M. Le Clerc, car elles serviront à apprécier dans son intimité l'état du quatorzième siècle : « Quand on lit aujourd'hui ce code et les sentences qu'il a dictées, on ne peut s'empêcher de croire que de tels juges, quand même ils n'eussent point fait la guerre aux travaux de l'esprit, devaient nuire à l'intelligence, et que ce n'était pas sans danger pour la conscience publique, et par suite pour les œuvres littéraires, qu'un tribunal ne cessait de rendre des arrêts où les simples notions de la justice humaine étaient contredites par une prétendue justice divine, où les gens étaient condamnés pour avoir payé leurs dettes à des créanciers suspects d'hérésie, une sœur pour avoir donné à manger à son frère qui mourait de faim, une jeune fille de quinze ans pour n'avoir pas dénoncé son père et sa mère. Il y avait là de quoi pervertir le bon sens d'une nation. »

En présence de l'anarchie franciscaine et de la cruauté dominicaine, il est clair qu'on est arrivé à l'épuisement du régime du moyen âge. Si on abandonne les doctrines à elles-mêmes, elles se précipitent dans des aberrations sans fin et pleines de péril ; si on les contient, on tombe dans des rigueurs

qui révoltent la conscience humaine. Le dilemme est
posé, et par elle-même la doctrine qui a fait la force
et la grandeur du régime catholico-féodal n'a pas
d'issue. Ce fait, on le comprend, est d'une très-grave
signification ; aussi n'est-il pas indifférent, surtout
en histoire, de donner, après la preuve, la contre-
épreuve. Les musulmans, traduisant les livres syriaques, qui avaient traduit les livres grecs, se jetèrent
avec ardeur dans les sciences, et eurent un moment
si brillant qu'il put paraître douteux si ce serait aux
gens de l'Orient ou à ceux de l'Occident qu'il appartiendrait d'être les instituteurs de l'âge intermédiaire
et de créer les éléments de la civilisation moderne ;
mais la religion s'inquiéta des libertés de l'esprit
philosophique et scientifique. Usant de la compres-
sion avec une sévérité toute dominicaine, elle triom-
pha, éteignit la libre pensée, ne laissa aux esprits
d'autre aliment que les subtilités métaphysiques du
dogme, et finalement livra les populations musulmanes à cette misère intellectuelle, mère de toutes
les autres misères, et dont ces populations ont, même
avec le secours de l'Europe, tant de peine à se tirer.

Dans l'Occident chrétien, au sein de la religion la
plus haute qui eût encore paru dans le monde, la
morale théologique avait abouti à un code qui substituait des devoirs fictifs aux devoir réels, et qui ne
soutenait ces fictions que par d'inexorables cruautés.
Placée par sa nature même au-dessus de la morale
humaine, il n'y avait ni correction ni amendement
qui pussent lui venir de ses propres principes.

Il fallait donc de nouveaux principes, et, pour qu'ils

prissent autorité, il fallait que l'ancien ordre de choses s'ébranlât et entrât en décadence : de là le brisement du régime catholico-féodal et l'œuvre du quatorzième siècle. C'est là que l'Occident latin montra qu'il avait conservé une puissante vitalité, et vraiment reçu des mains de Rome la gestion des destinées humaines. A ce moment critique, le moyen âge eut la force de rompre la tutelle, jadis salutaire, présentement funeste, sous laquelle il avait vécu, et cela sans anarchie décisive et sans faute capitale, car c'est alors que son esprit prend une nouvelle activité, de l'agrandissement et des lumières. Ces redoutables perturbations qui l'agitent n'ont pourtant pas le pouvoir de le jeter hors de l'orbite de la civilisation. Et, pour revenir au point plus étroit d'où je suis parti, on commence, dans le désarroi de la morale théologique, à jeter les fondements d'une morale humaine sur lesquels s'élève de nos jours l'édifice entier de l'État sortant des liens ecclésiastiques et devenant de plus en plus laïque.

VI. — *Conclusion.*

Le *discours* de M. Le Clerc et celui de M. Renan sur l'état des lettres et des arts en France pendant le quatorzième siècle font le vingt-quatrième volume d'une collection qui contient l'histoire des livres et des écrivains depuis l'origine des choses françaises. Leur ouvrage est une suite, et ils n'ont eu aucun besoin de revenir sur le passé pour mettre le lecteur sur le terrain et au point de vue. Il en a été autrement pour l'auteur de cette étude. Il a fallu, pour indiquer le caractère historique du quatorzième siècle, indiquer celui du moyen âge, et, pour apprécier les lettres en ce siècle, les apprécier dans les siècles antérieurs, chose d'autant plus nécessaire que plus d'un lecteur est habitué à croire que dans le haut moyen âge il n'y a eu aucunes lettres françaises, et que le travail de l'esprit français et son renom ont une date récente.

Ceux qui ne se fieraient pas assez à la théorie de l'histoire pour en conclure déductivement l'office du moyen âge peuvent le déterminer par une induction directe dont voici les éléments. Il est certain que, vers le neuvième siècle de notre ère, il reçoit des Romains, à travers les barbares, la civilisation antique, et qu'au seizième il nous rend les germes actifs de la civilisation moderne. Cette vue de ce qu'il reçoit et de ce qu'il rend suffirait pour résoudre le problème; mais allons plus loin. L'opinion commune inculquée par le zèle des érudits du seizième, par l'ignorance du dix-septième, par l'hostilité systématique du dix-huitième, est que tout cet intervalle d'environ sept cents ans est une ère de barbarie, de superstition et de ténèbres. Or, dans cette opinion, on est déçu par une illusion qui fausse les faits : c'est d'opposer le moyen âge à l'époque brillante de la Grèce et de Rome. Les choses ne se sont pas ainsi passées : bien longtemps avant le moyen âge, la civilisation païenne languissait, s'affaissait, se mourait; les lettres, les arts, la langue, les sciences même, qui

résistent plus longtemps, étaient en proie à une maladie chronique qui semblait incurable. L'intrusion
des barbares dans le monde romain rendit plus grave,
plus profonde, cette décadence naturelle, qui aurait
été fatale, s'il ne fallait ajouter qu'en même temps
il se faisait une nouvelle religion et se préparait un
nouvel avenir. En outre la monarchie universelle de
Rome, qui se serait inévitablement défaite d'elle-
même, avait été violemment défaite par les barbares.
C'est dans cette situation que le moyen âge prit l'héritage de l'antiquité et les destinées du monde, et
qu'il dut, s'il était à la hauteur de sa mission, arrêter
le mouvement de décadence, puis le remplacer par
un mouvement inverse qui donnât la vie à la langue,
aux lettres, aux arts, aux sciences, et en même temps
créer un système politique qui remplaçât la monarchie romaine. Tout cela fut fait, la chose est incontestable ; mais, pour savoir si cela fut bien fait, il
faut le soumettre à deux conditions capitales : la
première, c'est que cette civilisation intermédiaire
ainsi créée ne s'immobilisât point et fût de nature à
briser les entraves, si les entraves survenaient ; la seconde, que cette même civilisation intermédiaire pût,
à un moment convenable, renouer les liens d'origine avec l'antiquité païenne et les beaux temps de la
Grèce et de Rome. Le quatorzième siècle a donné
satisfaction à la première, le seizième siècle à la seconde, et ainsi se trouvent justifiées devant l'histoire
les voies du moyen âge.

Dans cette ascension, à partir du dernier point de
décadence où était tombée la société romano-barbare,

la France eut les devants et produisit les premières
nouveautés de l'esprit catholico-féodal. Ce qui prouve
que le mot est juste et qu'elle ne fut qu'une devan-
cière, c'est le succès qu'elle obtint : tout l'Occident
fut sous le charme de ces créations chevaleresques
et chrétiennes, l'Occident qui, lors même qu'il eût
mieux senti qu'il ne faisait la divine poésie de Virgile, avait besoin de types qui fussent siens et pour
qui Roland, Renaud, Charlemagne, les paladins et
les barons étaient des figures plus neuves, plus fami-
lières, plus vivantes que Turnus et Énée. En ce moment, l'Italie, l'Espagne, la France, la Germanie
christianisée, l'Angleterre conquise par les Normands,
formaient un groupe régi spirituellement par un chef
siégeant à Rome, temporellement par des suzerains
et des vassaux, et assez homogène pour représenter,
à l'égard de la civilisation et du reste du monde, ce
que l'agglomération romaine avait longtemps repré-
senté. C'est ce groupe tout entier qui donna son
applaudissement aux chants venus de France. Plusieurs de ces poésies ont péri ; ce qui en reste, après
un long oubli, reparaît aujourd'hui à la lumière du
jour. On peut les juger. Il se voit bien qu'il y manque
un génie individuel qui y mît par le style une empreinte immortelle ; mais il n'y manque pas un génie
collectif qui sut satisfaire à l'idéal du temps et créer
une variété de héros, d'héroïnes et de situations tout
aussi vivantes dans nos imaginations que les plus
belles de l'antiquité. Il faut reconnaître qu'il y eut
dans le haut moyen âge un grand éclat des lettres
françaises, au quatorzième siècle une décadence. Cet

éclat et cette décadence sont deux faits essentiels de notre histoire.

Si, au moment de la chute de l'empire romain, la question était comment se ferait la transition de l'ordre politique ancien à un ordre nouveau, la question connexe était comment se ferait la transmission intellectuelle. Elle se fit en effet, et il n'y eut jamais rupture entre le régime qui commençait et la latinité qui finissait. Ainsi s'explique la fortune du moyen âge, qui devint une sorte de république, à parties multiples, parties dont l'indépendance extérieure était contenue par une dépendance profonde et réelle. On peut présenter sous quatre chefs ce qui fut l'aliment des esprits dans l'antiquité : les lettres, la philosophie, les sciences, l'art. Rien de tout cela ne fut abandonné. Le moyen âge, dès qu'il put se reconnaître, recueillit avec vénération et ardeur tout ce qui le mettait en communication avec ses ancêtres en civilisation ; même il étendit sa curiosité jusque sur l'Arabie, alors florissante, et, grâce à elle, il préluda, par une renaissance anticipée, à la science grecque. Les résultats répondirent au labeur ; et, quand nous faisons son compte, sans parler du pouvoir spirituel qu'il fonde, sans parler de la féodalité et de la préparation au régime représentatif, sans parler de la révolution intellectuelle et politique dont il produit les germes, on trouve que dans les lettres il enfante un cycle primitif de poésie chevaleresque, que dans la philosophie il mène à terme la grande querelle du nominalisme et du réalisme, que dans la science il crée l'alchimie, et que dans l'art il donne

naissance à l'architecture gothique, et, par le déchant,
à la nouvelle musique.

En cet essor, qui est si visiblement la suite de la
civilisation antique et la préparation de la civilisation
moderne, intervient le quatorzième siècle, qui est
climatérique pour le moyen âge. Là commence à se
briser l'ancienne ordonnance qui soumettait tout le
domaine intellectuel et moral à l'Église. Le conflit
éclate entre la papauté et la royauté, entre Philippe
le Bel et Boniface VIII, et dès lors l'élément laïque prend
graduellement une indépendance qui n'est pas compatible avec le régime d'une foi théologique : aussi
depuis lors dispute-t-il à l'élément ecclésiastique, qui
avait été le principe vital et supérieur de la société du
moyen âge, toutes les parties constitutives du savoir,
si bien qu'il en est venu à lui disputer même la conception du monde, ce qui est nécessaire, s'il veut devenir à son tour principe d'un ordre social purement
humain. Ces graves événements, outre la lumière
qu'ils portent dans la révolution occidentale, éclairent
aussi la fonction du moyen âge. Le débat du pouvoir
spirituel et du pouvoir temporel ne pouvait naître dans
l'antiquité gréco-latine, qui ne connaissait pas la séparation de ces pouvoirs. A son tour, la pensée de
fonder un pouvoir spirituel humain ne pouvait naître
qu'après que la pensée du pouvoir spirituel divin eût
été pleinement réalisée dans les esprits et dans les
choses. C'est ainsi que le moyen âge est un anneau
qu'on ne retranche jamais sans rendre inintelligible
le cours de l'histoire.

J'ai dit, au commencement de cette étude, que

M. Le Clerc s'associait, dans le quatorzième siècle, au mouvement laïque qui s'empare de la société, son livre montrant que le trouble et le malaise de ce siècle sont dus non à de vaines agitations anarchiques ou rétrogrades, mais à un instinct de rupture avec le passé. Ceux qui, me lisant, s'étonneraient n'ont qu'à repasser en esprit les annales des siècles qui suivirent. Ce sont autant de conclusions échelonnées en faveur des prémisses. Cinq siècles, et un sixième, le nôtre, se détournent graduellement, mais obstinément, du régime théologique et des révélations, et se portent vers des lumières dont toute la source, toute la force est dans le labeur et le savoir de l'humanité. Est-ce progrès? est-ce décadence? Le fait tranche la question : la société aura empiré en science, en politique, en morale, si c'est décadence; elle aura grandi en science, en politique, en morale, si c'est progrès. Que l'on compare à cet égard l'âge moderne avec le moyen âge, et que l'on réponde. M. Le Clerc a porté un juste jugement lorsque dans le quatorzième siècle il a vu « une époque qui commence beaucoup de choses, dont quelques-unes ne sont pas encore achevées. »

De même que politiquement l'histoire de France se partage en deux portions, le régime féodal et la monarchie administrative, avec un intervalle de transition qui comprend environ le quatorzième et le quinzième siècle, de même littérairement elle offre deux époques de production originale et d'éclat, l'une comprenant le douzième siècle et le treizième, l'autre comprenant le seizième siècle et les suivants, avec un intervalle de transition qui répond à peu près à l'intervalle politique. Donc le quatorzième, comme il a été noté, n'occupe pas un rang très-élevé dans les lettres. Pourtant, en ce jugement, il importe de ne pas se méprendre. Ce n'est point une ère d'inertie où les facultés soient amorties et stérilement occupées; il y a des espérances de force et de renouvellement, et, si la foule de ceux qui écrivent ne laisse entrevoir que bien peu de renommées durables, l'esprit de la nation est actif, entreprenant, courageux, et travaille énergiquement pour l'avenir.

Qu'est-il donc réellement arrivé? La source des grandes compositions d'un âge poétique s'étant épuisée et l'éclat littéraire amorti, la France cessa pour un instant d'être lue, imitée, traduite par l'Europe. C'est là qu'on voit nettement comment se tarit une veine. Les siècles féodaux vivent dans la poésie des trouvères, et certes il viendra un temps où tout homme cultivé voudra faire connaissance avec les barons, les *fervestus*, les chevaliers, les châtelains, et ne dédaignera pas cet âge intermédiaire, sans parler du charme particulier de ce français archaïque, qui est pourtant du français et qui nous plaît comme la voix lointaine de nos aïeux. Les siècles féodaux vivent, dis-je, dans la poésie des trouvères; mais, quand la féodalité commença à déchoir dans l'ordre politique et dans l'opinion, tout fut dit pour la poésie qu'elle avait inspirée. Un grand vide se fit. Les circonstances ne furent pas favorables : il ne parut pas d'hommes; le temps entraîna les peuples et leur histoire, et, quand les hommes et les circonstances reparurent, le monde et l'art étaient changés.

L'idéal aurait été qu'il n'y eût point eu de vide; mais, à vrai dire, il n'y en eut point. La place laissée par la France fut occupée aussitôt par l'Italie, qui jusqu'alors n'avait point donné marque de son génie. Trois noms surtout emplissent, à elle, son quatorzième siècle, Dante, Pétrarque et Boccace. On trouverait, dans notre Thibaut et dans quelques autres, des chants qui rivalisent avec ceux de Pétrarque pour le charme, le sentiment et peut-être même le fini, et qui lui sont bien antérieurs. Boccace, qui a imité nos conteurs, est, du moins quant à l'originalité, leur inférieur; mais Dante reste incomparable, c'est l'Homère du moyen âge.

Ainsi à l'âge primitif où règne la France succède l'Italie, qui, elle-même, va être suivie ou accompagnée des autres nations occidentales. C'est un développement sans solution de continuité; car il faut le considérer, non dans un pays particulier, mais dans cette sorte de pays collectif qui, ayant reçu directement ou indirectement l'héritage de Rome, était régi par une foi commune, une organisation commune, une civilisation commune. En ce pays collectif qu'on nomme aussi parfois l'Occident, l'histoire des lettres forme un tout que, dans l'ignorance des faits essentiels, on a jusqu'ici scindé ou du moins méconnu, avec un grand dommage. On suit mal une évolution isolée quand on ne sait pas que toutes ces évolutions sont solidaires. Cela a déjà été dit pour l'histoire des sciences, où la dépendance est frappante; mais, dans les lettres, pour être plus cachée, elle n'en est pas moins réelle. A la base de la littérature occidentale est l'ensemble des grandes compositions françaises; ayant été acceptées par l'Europe, elles formèrent partout un fond qui eut sa part dans le développement de chacune des littératures. Il n'est pas besoin que je rappelle comment dans la suite l'Italie, l'Espagne, l'Angleterre, l'Allemagne, la France, ont agi l'une sur l'autre; je veux seulement faire apparaître devant l'esprit l'unité essentielle de ces belles littératures de l'Occident.

Si cela est vrai dans l'ordre littéraire, cela ne l'est pas moins dans l'ordre politique; et, s'il n'est pas possible dorénavant d'écrire une bonne histoire des lettres en un pays sans avoir présente à l'esprit cette unité, il n'est pas possible non plus dorénavant d'écrire une bonne histoire politique d'un pays sans avoir présente aussi à l'esprit l'unité morale et matérielle qui constitue la confédération européenne. Dès les premiers temps du moyen âge, l'intérêt de cette confédération prime l'intérêt de l'un des membres. Toute histoire qui n'est pas composée avec cette grande vue pèche essentiellement; car elle ne peut apprécier comment, à chaque période, une politique est bonne, grande, sage, ou mauvaise, basse, insensée. La substitution d'un point de vue général à un point de vue particulier, d'un intérêt général à un intérêt particulier, éclaircit tout et domine tout. Ainsi une même notion supérieure régit et l'histoire politique et l'histoire littéraire des nations occidentales, et ce n'est pas un des moindres fruits de l'étude du moyen âge que d'en trouver là l'origine et les premiers fondements.

FIN.

TABLE

FIN DE LA TABLE.

Paris. — Imp. de P.-A. Bourdier et Cie, rue des Poitevins, 6.